Editorial

Der Wunsch, es möge doch endlich wieder Frieden werden, ist trügerisch. Er setzt voraus, dass es jemals eine friedliche Zeit gegeben hätte, zu der man zurückfinden könnte. Hat es diesen Frieden aber tatsächlich je gegeben? Die Frage danach, wie Frieden werden kann, kann nur beantwortet werden, wenn wir uns mit den Realitäten von Kriegen auseinandersetzen. Die Frage, welchen Frieden wir wollen, setzt zunächst eine Auseinandersetzung darüber voraus, wie Sicherheit für die betroffenen Menschen verhandelt wird. Für die meisten der aktuellen Kriege, besonders aber für den russischen Angriffskrieg gegen die Ukraine, werden diese beide Fragen äußerst kontrovers diskutiert.

Die Beiträge dieser Ausgabe gehen dem diskursiven Ringen um Frieden nach. Welchen Frieden wollen wir? Welche Wege könnten vielversprechend sein? Welche sind vielleicht schon gescheitert? Die Theologieprofessorin Regina Elsner, die wir als neues Redaktionsmitglied der OWEP begrüßen, eröffnet die Ausgabe mit einem Beitrag über die hybride Diplomatie des Heiligen Stuhls im russischen Angriffskrieg gegen die Ukraine. Die Wissenschaftler Elif Sandal-Önal und Andreas Zick beschreiben die globale Friedensunsicherheit als Herausforderung für einen demokratische Umgang mit Konflikten. Der ukrainische Autor Juri Durkot konfrontiert die Forderung nach gewaltfreiem Widerstand mit der reellen ukrainischen Kriegserfahrung. Im Interview berichtet der kolumbianische Vermittler Sergio Jaramillo Caro von seinen Erfahrungen in Vermittlungsprozessen und seiner Skepsis, ob mit Russland ein Verhandlungsfrieden überhaupt möglich ist. Dem stimmt auch der Politologe Andreas Heinemann-Grüder mit seiner Analyse von möglichen Szenarien zu. Den Umgang mit Kriegsdienstverweigerern aus Russland und der Ukraine schildert die Journalistin Tamina Kutscher. Abschließend weiten vier Beiträge den Blick auf andere Konflikte, deren friedliche Beilegung äußerst fragil ist. Die Journalistin Silvia Stöber widmet sich dem Konflikt zwischen Armenien und Aserbaidschan, die Publizistin Alexandra Sitenko Zentralasien, der Politikwissenschaftler Vedran Džihić der Lage auf dem Balkan und OWEP-Redakteur Matthias Kneip dem Suwałki-Korridor zwischen Belarus und der russischen Exklave Kaliningrad als Risikofaktor der europäischen Sicherheit.

Die Redaktion

Regina Elsner

Die vatikanische Diplomatie im russischen Krieg gegen die Ukraine

Regina Elsner, geboren 1979 in Forst/Lausitz, ist katholische Theologin und Professorin für Ostkirchenkunde und Ökumenik an der Katholisch-Theologischen Fakultät der Universität Münster. Bis 2023 forschte sie zum Schwerpunkt orthodoxe Sozialethik am Zentrum für Osteuropa- und internationale Studien (ZOiS) in Berlin. Sie ist Mitglied der Redaktion dieser Zeitschrift.

Trotz großer Erwartungen hat die vatikanische Diplomatie bisher keinen Beitrag für eine Friedenslösung oder wenigstens eine Verbesserung der Situation im Krieg gegen die Ukraine leisten können. Ein Grund ist der gescheiterte Versuch, Religion und Politik auf der internationalen kirchlichen Ebene voneinander zu trennen.

Die Rolle des Vatikans

Nach zwei Jahren haben die diplomatischen Bemühungen, Russlands offene militärische Aggression gegen die Ukraine zu beenden oder zumindest ein Ende der militärischen Gewalt zu bewirken, weltweit große Ernüchterung ausgelöst. Keine Strategie, kein Friedensplan, keine Vermittler haben bisher ein nachhaltiges Ende des Krieges nähergebracht oder Optionen für einen gerechten Frieden in der Region eröffnet. Dazu gehören auch die vielfältigen diplomatischen Initiativen des Vatikans, denen von vielen religiösen, gesellschaftlichen und auch politischen Akteuren große Hoffnung entgegengebracht wurden. Der Heilige Stuhl ist als Völkerrechtssubjekt in der besonderen Situation, sowohl politischer Akteur in der Staatengemeinschaft zu sein als auch durch seinen spirituell-religiösen Charakter eine staatenübergreifende Autorität zu genießen. Diese Doppelidentität gibt ihm verschiedene Möglichkeiten, auch mit Konflikt- oder Kriegsparteien im Gespräch zu bleiben, zu denen andere Akteure keinen Zugang mehr finden.

Papst Franziskus hat die Hoffnungen, die sich angesichts der scheinbaren Ausweglosigkeit politischer Vermittlungsversuche auf die vatikanische Diplomatie konzentrierten, durch seine eigene Spiritualität verstärkt. Seine theologischen und pastoralen Prioritäten, die er vor allem in seinen Enzykliken „Laudato Si'" (2015) und „Fratelli Tutti" (2020) dargestellt hat, sind von einem Friedensverständnis geprägt, das Gerechtigkeit, Inklusivität und Entkolonialisierung ins Zentrum stellt. Seine erste Reaktion auf die umfängliche Invasion Russlands in die Ukraine war ein persönlicher Gang zur russischen Botschaft im Vatikan – eine symbolische Geste, die international für Respekt sorgte. Seine Gebete und sein Mitleiden mit der ukrainischen Bevölkerung, aber auch das humanitäre Engagement der katholischen Kirche haben weltweit Menschen berührt und einige Aufmerksamkeit auf das Leid in der Ukraine gelenkt.

Die Gespräche zwischen dem Päpstlichen Gesandten Kardinal Matteo Zuppi (5. v.l.) und dem Patriarchen Kirill (4. v.l.) stießen auf viel Kritik. (picture alliance / Associated Press / Sergey Vlasov)

Auf dem Weltjugendtag in Lissabon im August 2023 entschuldigte sich Papst Franziskus allerdings gegenüber ukrainischen Jugendlichen für seine «Hilflosigkeit». Wenige Tage zuvor musste Kardinal Matteo Zuppi nach Besuchen in Kiew, Moskau und Washington seine vom Papst beauftragte „Friedensmission" in eine „humanitäre Mission" umqualifizieren. Dies war vor allem eine Reaktion auf seinen offensichtlich ernüchternden Besuch in Moskau. Der Preis für die Erkenntnis, dass alle Gespräche von Diplomaten und vom Papst selbst mit Vertretern der russischen Politik und der Russischen Orthodoxen Kirche (ROK) vergeblich sind, war hoch: Mehrfach hatte Moskau die Gespräche mit Rom als Solidarisierung des Vatikans mit Russland dargestellt, zuletzt hatten die vatikanischen Medien selbst die russischen Propagandabilder von Zuppis freundschaftlichem Treffen mit der russischen Politikerin Maria Lwowa-Belowa unkommentiert übernommen. Sie ist wegen der russischen Deportation ukrainischer Kinder international als Kriegsverbrecherin angeklagt. Der Schaden für die Glaubwürdigkeit des Vatikans als neutraler Vermittler war enorm.

Die Kirchenleitung in Moskau wurde für die vatikanische Diplomatie zum wichtigsten Ansprechpartner und zum Hoffnungsträger für eine langsame Öffnung des atheistischen Regimes.

Die Doppelrolle des Vatikans als geistlicher und politischer Akteur, auf die so viele gehofft hatten, scheint zum größten Hindernis für eine wirksame Vermittlerrolle im russischen Krieg geworden zu sein. Zum einen lassen sich seit mehr als zwei Jahrzehnten anhaltende Fehleinschätzungen der politischen und sozialen Realitäten in Russland durch die römische Diplomatie beobachten. Sie gehen mit einer mangelnden Wahrnehmung der westlichen Nachbarländer Russlands einher. Außerdem ist die Trennung von Politik und Religion problematisch. Schließlich muss die vom Heiligen Stuhl angeführte Neutralität für diesen Krieg kritisch hinterfragt werden.

Langzeitwirkung der vatikanischen „Ostpolitik"

Seit dem Kalten Krieg hat Osteuropa in der vatikanischen Diplomatie eine besondere Rolle gespielt. In der Auseinandersetzung mit dem Kommunismus musste die pastorale Verantwortung für die unterdrückten Gläubigen mit der Notwendigkeit politischer Kommunikation und dem Widerstand gegen den ideologischen Gegner ausbalanciert werden. Kritiker werfen dem Vatikan bis heute vor, die eigenen Gläubigen, die oft im Untergrund für ihren Glauben ihr Leben riskierten, zugunsten einer politischen Verständigung verraten zu haben.

Befürworter weisen darauf hin, dass diese Form der Diplomatie bedeutende Kommunikationskanäle über den Eisernen Vorhang hinweg bewahren half. Spätestens in den frühen 1960er Jahren unter Metropolit Nikodim (Rotow) und mit der Aktivierung der internationalen Tätigkeit der ROK, die der strengen Kontrolle der sowjetischen Geheimdienste unterstand, intensivierten sich die Kontakte zwischen dem Vatikan und der Sowjetunion. Moskau wurde zum wichtigsten Gegenüber in den kirchlichen und politischen Beziehungen mit dem sozialistischen Block. Zu den diplomatischen Prozessen kamen ökumenische Gespräche hinzu. Die Kirchenleitung in Moskau wurde für die vatikanische Diplomatie zum wichtigsten Ansprechpartner und zum Hoffnungsträger für eine langsame Öffnung des atheistischen Regimes.

Krisenhafte Beziehung zwischen Vatikan und Moskauer Patriachat

Bereits mit den Vorbereitungen zur Feier des Millenniums der Taufe der Rus 1988 schien sich die Kirche aus der ideologischen Repression zu befreien und damit auch nach dem Ende der Sowjetunion Teil des gesellschaftlichen Aufbruchs zu werden. Die Beziehungen zwischen Vatikan und Moskauer Patriarchat gerieten allerdings aufgrund der Rückkehr der griechisch-katholischen Kirche in der Ukraine und in Belarus aus dem Untergrund in eine ernsthafte Krise. Moskau warf Rom Proselytismus vor und brach ökumenische Dialoge ab.[1] Die Wahrnehmung der gesamten Region blieb für den Vatikan jedoch auf das Verhältnis zu Moskau fokussiert. Da die neuen, unabhängigen Staaten im Westen Russlands keine Geschichte einer eigenständigen Beziehung zum Vatikan hatten und die orthodoxen Kirchen dieser Gesellschaften in den ökumenischen Beziehungen immer nur durch Moskau vertreten waren, entstand eine Leerstelle in der Wahrnehmung von den eigenständigen Identitäten des Christentums dieser Länder im Vatikan und eine unhinterfragte Deutungshoheit Russlands.

Pro-demokratische Entwicklungen wie in der Ukraine wurden durch Moskau als gefährliche Abkehr von den traditionellen Werten des christlichen Europas diskreditiert.

Diese fand schließlich ein wertschätzendes Gegenüber im Pontifikat Benedikts XVI. Seine konservative Theologie und seine tiefe Ablehnung von Säkularismus und Liberalismus verbanden ihn mit der Moskauer Kirchenleitung und ermöglichten die „strategische Allianz" beider Kirchen. Unter diesen Vorzeichen aber konnte die zunehmend repressive Politik Russlands (oder auch in Belarus) kaum noch thematisiert werden. Pro-demokratische Entwicklungen wie in der Ukraine hingegen

1 Proselytismus ist heute eine abwertende Bezeichnung für eine „Abwerbung" von Gläubigen, bei der keine innere Bekehrung stattfindet.

wurden durch Moskau auch in der kirchlichen Zusammenarbeit als gefährliche Abkehr von den traditionellen Werten des christlichen Europas und als revolutionäre Umstürze diskreditiert.

Die vatikanischen Fehleinschätzungen der russischen Entwicklung unter dem Eindruck der Glaubens- und Traditionstreue der russischen Kirchenleitung erweist sich bis heute als fatal. Dies zeigt sich gegenwärtig besonders auch an den weitgehend ungehörten Versuchen der Ukrainischen Griechisch-Katholischen Kirche, in Rom die Lage und Perspektive der ukrainischen Bevölkerung in diesem Krieg zu vermitteln. Trotz deutlicher Interventionen ihres Oberhaupts Großerzbischof Swjatoslaw Schewtschuk richtete der Vatikan seine Aktivitäten immer wieder an den russischen Narrativen aus und versuchte, Schuld und Leiden in dem Krieg zu neutralisieren.

Das Spiel mit der Unschuld

Die fließenden Grenzen zwischen Politik und Kirche sind in die Doppelfunktion des Vatikans als staatlich-rechtlicher und geistlicher Akteur eingeschrieben. Ein verantwortungsvoller Umgang damit erfordert maximale Transparenz darüber, in welcher Funktion Vertreter der Kirche handeln und in welcher Funktion sie konkrete Ziele anstreben. Das heißt, dass sich mit einer bewussten theologischen und politisch-ethischen Reflexion dieses Wechselspiels von politischem und geistlichem Handeln die Synergien und Gefahren erfassen lassen, die sich daraus ergeben – und auch bewusst genutzt werden können.

Die Sowjetunion betrieb eine strategisch eingesetzte Aufweichung der Grenzen zwischen Politik und Religion, die in gewisser Weise der Doppelnatur des Vatikans entsprach und ihn damit geschickt in die internationalen Beziehungen einband.

In einer politischen Welt, die weitgehend von säkularen Paradigmen der internationalen politischen Beziehungen geprägt ist, müssen religiöse Argumente und Legitimationen sehr zurückhaltend eingesetzt werden – wenn überhaupt. In Situationen jedoch, in denen religiöse Argumente ausdrücklich Teil einer staatlichen Politik sind, kann ein Akteur wie der Heilige Stuhl einen erfolgreicheren Ansatz finden als streng säkulare Akteure – vorausgesetzt, seine religiöse Autorität wird anerkannt. Angesichts des weitreichenden Mangels an Wissen über Religionen in der internationalen Außen- und Sicherheitspolitik bei einem gleichzeitigen Anstieg religiös aufgeladener Konflikte erscheint die diplomatische Position des Heiligen Stuhls durchaus als Chance.

Die Sowjetunion betrieb eine strategisch eingesetzte Aufweichung der Grenzen zwischen Politik und Religion, die in gewisser Weise der Doppelnatur des Vatikans entsprach und ihn damit geschickt in die internationalen Beziehungen einband. Die politische Führung hatte die ROK seit den 1960er Jahren in die Pflicht genommen, im Ausland sowjetische Interessen als Gegenleistung für eine gewisse religiöse Handlungs- und Reisefreiheit zu vertreten. Ökumenische Netzwerke wie der Ökumenische Rat der Kirchen (ÖRK), die Christliche Friedenskonferenz in Prag, die Beziehungen zum Vatikan oder die bilateralen Dialoge mit den evangelischen Kirchen in den beiden deutschen Staaten wurden zu wichtigen Plattformen für politische Einflussnahme. Insbesondere in der christlichen Friedensbewegung vermischte sich die christliche Botschaft mit eindeutigen politischen Botschaften und Loyalitäten. Diese Überlagerung von Politik und Religion hätte durchaus eine bewusste Entscheidung für eine neue politische Theologie gewesen sein können, die sich in derselben Zeit, jedoch in einem völlig anderen Kontext in Südamerika entwickelte. In den Beziehungen mit der ROK betonten die westlichen kirchlichen Dialogpartner den rein religiösen Charakter der Beziehungen und enthielten sich weitgehend ethischer Einschätzungen zur politischen Situation in der Sowjetunion. Sie entzogen sich durch die rhetorische Entpolitisierung auch der direkten politischen Verantwortung.

Im ökumenischen Gespräch blockierte die ROK Themen wie den universellen Anspruch der Menschenrechte als politische Einmischung in religiöse oder kulturelle Angelegenheiten.

Veränderte Themenschwerpunkte

Nach dem Ende der Sowjetunion blieb diese Religionsdiplomatie des Kalten Krieges in mehrfacher Hinsicht wegweisend. Die ROK war grundsätzlich von staatlicher Instrumentalisierung befreit, dementsprechend konzentrierten sich viele internationale ökumenische Beziehungen nun primär auf dogmatische Fragen, insbesondere auf die Ekklesiologie.[2] Die „sozialethisch" genannten Fragen – Frieden, soziale Gerechtigkeit, Menschenrechte und ähnliches – traten in den Hintergrund.

Öffentlich begrüßte die ROK die nun erklärte demokratische Trennung von Religion und Politik in Russland und den anderen postsowjetischen Staaten. Gleichzeitig beanspruchte sie jedoch, ein unersetzbares

2 Lehre über die Kirche

Element der kulturellen Identität aller Länder der ehemaligen Rus zu sein, das heißt neben Russland auch Belarus und die Ukraine – und somit einen privilegierten Zugang zur Bildungs-, Kultur- und Innenpolitik dieser Länder zu haben.

Innenpolitisch hat sich die ROK oft gegen den Vorwurf gewehrt, Politik zu machen. Ihr Anliegen sei es, nach den atheistischen Zwängen nun die Menschen religiös zu bilden und zu begleiten. Aber natürlich zielte sie damit auch auf die „zivilisatorische Entscheidung" Russlands ab, die handfeste, politische Implikationen hatte. Im ökumenischen Gespräch blockierte die ROK Themen wie den universellen Anspruch der Menschenrechte als politische Einmischung in religiöse oder kulturelle Angelegenheiten. Theologische Entwicklungen wie die Anerkennung von Frauen im ordinierten Amt oder gleichgeschlechtlichen Partnerschaften wurden als modernistische Anpassung abgetan.

Die Strategie, sich im eigenen politischen Handeln gegen Kritik zu immunisieren, indem man sich auf „rein religiöse" Fragen beruft, wirkt sich nun im Krieg besonders verheerend aus. Der Vatikan, vor allem Papst Franziskus, aber auch sein Beauftragter Kardinal Matteo Zuppi sowie der Leiter des Dikasteriums für die Einheit der Christen Kardinal Kurt Koch und andere Diplomaten versuchen, der ROK als langjährige Partnerin im ökumenischen Gespräch zu begegnen. Man versucht, ihre Vertreter Patriarch Kirill (Gundjajew), Metropolit Hilarion (Alfejew) bzw. Metropolit Antoni (Sewrjuk) ausdrücklich nicht als Diplomaten anzusprechen, sondern auf der religiösen Ebene, als Geistliche, und ihnen buchstäblich ins Gewissen zu reden. Für sie war die religiöse Sprache jedoch viele Jahre lang vor allem ein Deckmantel für politische Strategien.

Statt die russische Kirche und den russischen Staat dazu zu bewegen, friedenschaffende Maßnahmen ernsthaft zu erwägen, stärkt der Vatikan so indirekt sowohl Putins Regime als auch die ROK als kriegsmobilisierende Kraft.

Die Worte von Papst Franziskus „Wir dürfen nicht die Sprache der Politik sprechen, sondern müssen uns der Sprache Christi bedienen" bereiten der Immunisierung der ROK den Boden, sodass sie nahtlos bestätigen kann, als Kirche nichts mit dem schmutzigen Geschäft des Krieges oder dem russischen Neo-Imperialismus (den sie natürlich nicht so nennt) zu tun zu haben. Sie spreche nur die religiöse Wahrheit aus und bete für den Frieden.

Die ROK schätzt das Engagement des Vatikans für die Entpolitisierung ihrer eigenen Rolle in diesem Krieg hoch. Der Vatikan muss gleichzeitig erleben, dass er für das politische Regime Russlands keinerlei diplomatische Autorität darstellt, sondern lediglich nützlicher Helfer dabei ist, die Unterscheidung zwischen Angreifern und Angegriffenen, Tätern und Opfern in diesem Krieg zu verwischen. Statt die russische Kirche und den russischen Staat dazu zu bewegen, friedenschaffende Maßnahmen ernsthaft zu erwägen, stärkt der Vatikan so indirekt sowohl Putins Regime als auch die ROK als kriegsmobilisierende Kraft.

Fragwürdige Neutralität

Der Vatikan ist zu diesem nützlichen Helfer geworden, weil er seine neutrale Rolle betont. Sie verbiete es, klare Urteile über die Kriegsschuld zu fällen. Diese Neutralität gilt als viel gepriesenes Merkmal der vatikanischen Diplomatie, da sie es ermöglichen soll, mit allen Seiten zu sprechen. In diesem Zusammenhang wurde die offizielle, weitgehend schweigende Haltung der Kirche unter Pius XII. gegenüber dem Hitler-Regime kritisch angeführt. Dabei ist der Blick auf den Kalten Krieg hilfreicher: Wie der Historiker Piotr H. Kosicki in seinem Beitrag „Keine Neutralität in der Ideologie“ zeigt, ergänzte der Vatikan in der zweiten Hälfte des 20. Jahrhunderts seine politische und rechtliche Neutralität durch eine klar antikommunistische Haltung, die sich im Engagement für die Menschenrechte während des Helsinki-Prozesses ausdrückte.

Das Ende der ideologischen Blöcke hat auch zu einer Blindheit des Vatikans gegenüber neuen ideologischen Markierungen und vor allem der eigenen ideologischen Parteinahmen geführt.

Dieser Antikommunismus veranlasste den polnischen Papst Johannes Paul II., im Umgang mit Russland und der Republik Moldau auch nach dem Ende der Sowjetunion sehr zurückhaltend zu agieren. Eine solche kritische Haltung ist Papst Franziskus fremd, der von einer südamerikanischen, linken Befreiungstheologie und einer tiefen Skepsis gegenüber dem Werte-Imperialismus der USA geprägt ist. Für den Papst, aber auch für viele Gesellschaften des globalen Südens ist die Erfahrung des US-(Neo-)Kolonialismus eine weitaus größere Gefahr als Russland.

Das Ende der ideologischen Blöcke hat auch zu einer Blindheit des Vatikans gegenüber neuen ideologischen Markierungen und vor allem der eigenen ideologischen Parteinahmen geführt. Der Antikommunismus des Vatikans war bereits vor dem Zweiten Weltkrieg ein offiziell erklärter Leitgedanke. Nur durch diese bewusste und öffentliche Entschiedenheit konnte in diplomatischen Missionen eine transparente ideologische Parteinahme mit völkerrechtlicher Neutralität verbunden und bei der Suche nach friedensfördernden Kompromissen bewusst eingesetzt werden. Der gegenwärtige Krieg Russlands ist jedoch keineswegs ideologiefrei. Er folgt der Logik der oft beschriebenen „Culture Wars“ zwischen der liberalen und einer „konservativen Gesellschaftsordnung“. Sie zeigt Parallelen zum einstigen Blockdenken auf, jedoch verlaufen diese quer zu allen politischen, geografischen und religiösen Grenzen. Die ROK ist in den vergangenen Jahrzehnten zu einem der größten institutionellen Vertreter dieser Ideen geworden, und zwar in enger Zusammenarbeit mit dem Vatikan. ROK und Vatikan arbeiteten auf verschiedenen Ebenen – in ökumenischen Kontakten oder im internationalen politischen und rechtlichen Kontext – gemeinsam an der Stärkung der „traditionellen Werte“, am Kampf gegen Säkularismus und die von beiden so genannte Gender-Ideologie. Diese wird ironischerweise auch als „neuer Marxismus“ bezeichnet und so in populistischer Vereinnahmung als Angriff auf die Religionsfreiheit dargestellt.

Im Mai 2023 empfing Papst Franziskus Präsident Wolodymyr Selenskyj im Vatikan. (picture alliance / Zumapress / Ukrainian Presidentia)

Für den „metaphysischen Kampf“, mit dem Patriarch Kirill im März 2022 Russlands brutalen Krieg gegen die Ukraine legitimierte, ist die „strategische Allianz“ mit Rom eine zentrale Argumentationshilfe. Durch das Feindbild der liberalen, säkularen Gesellschaften erhält der Krieg einen „gerechten Grund“.

Der Verweis auf die schmerzhaften Erfahrungen der Kirche mit dem aggressiven Kommunismus im 20. Jahrhundert instrumentalisiert das Gedächtnis der Märtyrer als Rechtfertigung, den wahren Glauben erneut mit dem eigenen Leben verteidigen zu müssen. Die vatikanische Diplomatie befindet sich damit in einem Dilemma. Sie ist in der Ideologie des Krieges nicht neutral, kann dies jedoch nicht aussprechen, denn anders als im Kalten Krieg steht sie in der Ideologie auf der Seite des kriegsführenden Regimes. Das aber stellt die Glaubwürdigkeit der erklärten Neutralität massiv in Zweifel. Kann es eine völkerrechtliche Neutralität gleichzeitig mit einer unausgesprochenen oder sogar unbewussten ideologischen Parteilichkeit für die Seite des Aggressors geben? Mit anderen Worten: Kann die Diplomatie des Heiligen Stuhls an einem Kompromiss oder gar einem dauerhaften und gerechten Frieden mitwirken, solange die Ideologie, die hinter dem Krieg steht, nicht offengelegt wird? Angesichts der globalen und teilweise gewalttätigen Entwicklungen gibt es einen rechten Rückschlag gegen Menschenrechte und liberale Demokratien, der maßgeblich von katholischen Akteuren und der ROK unterstützt wird. Deshalb könnte die Auseinandersetzung mit der eigenen ideologischen Nicht-Neutralität für die vatikanische Diplomatie derzeit das brennendste Thema sein. Es wäre auch eine entscheidende Lehre aus der gescheiterten Friedensmission im russischen Angriffskrieg gegen die Ukraine.

Ausblick

Der Krieg Russlands in der Ukraine macht die Ambivalenzen der vatikanischen Diplomatie überdeutlich. In Rom fehlt es unverändert an einer Auseinandersetzung mit der historisch bedingten Abhängigkeit von Moskaus Blick auf die gesellschaftlichen und politischen Entwicklungen in Osteuropa. Aber auch die eigene ideologischen Verstrickung in die Kriegslegitimation der ROK machen eine effektive Friedensdiplomatie des Vatikans unmöglich. Fällt der Heilige Stuhl damit vollständig als internationaler Akteur einer Friedensvermittlung aus? Die Schwierigkeiten scheinen in erster Linie darin begründet zu sein, dass spirituelle und politische Strategien bislang ineinandergreifen. Ein Weg zur Klärung der eigenen Position könnte also darin liege, diese Sphären konsequent voneinander zu trennen. Ein ausgeprägter spiritueller Zugang könnte glaubwürdig für die Opfer des Krieges und für mehr Gerechtigkeit eintreten, ohne im Namen einer angeblichen Neutralität zu viel Rücksicht auf die russischen Aggressoren nehmen zu müssen. Ein dezidiert politisches Rollenverständnis in Rom könnte der Kremlführung eine Neutralität anbieten, die ohne die wirtschaftlichen oder rüstungs- und sicherheitspolitischen Maßnahmen der Staaten auskommt und sich deutlicher unterscheidet. Wichtig wäre dafür jedoch ein unverstellter und realistischer Blick auf das Gegenüber in Moskau.

Dabei wäre es für einen zukünftigen Frieden wertvoller, die vatikanischen diplomatischen Ressourcen zu nutzen, um diejenigen in das Gespräch zu holen, die sich in der Ukraine und in Russland dem Krieg und der Kriegsideologie religiös und zivilgesellschaftlich widersetzen.

Elif Sandal-Önal/Andreas Zick

Friedensunsicherheit als Herausforderung

Dr. Elif Sandal-Önal, 1979 geboren in Ankara, ist Politikwissenschaftlerin und Sozialpsychologin. Sie forscht am Institut für interdisziplinäre Konflikt- und Gewaltforschung (IKG) der Universität Bielefeld zu den Themen Politik der Unsicherheit und Ungewissheit, transnationale politische Einflüsse und Repräsentationen von Krieg und Frieden.

Prof. Dr. Andreas Zick, 1962 geboren in Essen, ist wissenschaftlicher Direktor des IKG und der Konfliktakademie (ConflictA) sowie Professor für Sozialisation und Konfliktforschung an der Universität Bielefeld. Er forscht zu Konflikten zwischen Gruppen, Rassismus und Prozessen der Akkulturation.

Demokratische Gesellschaften benötigen für ihre politischen Maßnahmen und Entscheidungen die Legitimation ihrer Bürger. Gewalttätige Auseinandersetzungen und Kriege schaffen Unsicherheiten, was unter Frieden zu verstehen und wie mit militärischer Aggression umzugehen ist – mit entsprechenden Herausforderungen für eine Friedenspolitik.

Globale Krisenzeiten

Frieden wird von Politik, Entscheidungsträgern und Zivilgesellschaft weitenteils als ideales, wenn auch schwer erreichbares Ziel formuliert. Dabei richtet sich die Hoffnung auf den inner- wie zwischenstaatlichen Frieden. Er wird als ein Zustand verstanden, der sich auch in positiven Einstellungen beziehungsweise Überzeugungen der Gesellschaftsmitglieder manifestiert. Der Friedens- und Konfliktforscher Johan Galtung hat schon vor 54 Jahren festgestellt, dass die Idee des Friedens weder eine unerreichbare Utopie noch eine unmittelbar umsetzbare Politik sein sollte. Es sei schwierig, gegen den Frieden zu sein. In vielen seiner wissenschaftlichen Arbeiten hat Galtung darauf bestanden, Frieden als Abwesenheit von Gewalt zu analysieren. In der Gegenwart, die durch verschiedene miteinander verknüpfte globale Krisen und eine hohe Interkonnektivität an Konflikten gekennzeichnet ist, sollte auch über die Umkehrung des Postulats nachgedacht werden. Die Rolle der Gewalt auf dem Weg zum Frieden muss neu überdacht werden. Darauf weisen aus der Sicht einer westlichen Demokratie der Krieg Russlands gegen die Ukraine hin wie auch die bewaffnete Intervention Israels, die nach dem brutalen Angriff der Hamas am 7. Oktober 2023 eskaliert ist. Frieden kann auch als eine Errungenschaft angesehen werden, die erst und nur nach einer Eskalation des Krieges, der Gewalt und einem klaren Sieg erreicht werden kann. Auf dem Höhepunkt der Gewalt weisen die Angegriffenen und ihre Verbündeten Frieden, Deeskalation oder ein Reden über Waffenstillstand zurück oder setzen ihn sogar Verrat gleich.

Die Einbeziehung des Konzepts der Gewalt in die operationale Definition von Frieden und die Legitimierung der Anwendung eines bestimmten Maßes an Gewalt als eine der Voraussetzungen für das Erreichen von Frieden sind gegensätzliche Perspektiven. Sie zeigen, dass sich die Konzeptualisierungen von Frieden je nach Kontext, Inhalt, Zeit und Kultur ändern können, wenn nicht müssen. Dies gilt nicht nur für Wahrnehmungen und Überzeugungen ‚gewöhnlicher' Individuen und Gruppen, sondern auch für Nationalstaaten, politische Entscheidungsträger, zivilgesellschaftliche Gruppen, Institutionen wie auch grundsätzlich für die normativen Ordnungsmaßstäbe.

Eine harsche Freund-Feind-Rhetorik ist kennzeichnend für Präsident Putins Versuche, seinen Angriffskrieg zu legitimieren. (picture alliance / Sven Simon / The Kremlin Moscow)

Die meisten Akteure der Friedenspolitik und -sicherung, wie Ministerien oder internationale Organisationen, gehen davon aus, dass die Verwirklichung des Friedens als Politik und die Bemühungen von Nationalstaaten und supranationalen Organisationen, ihn zu erreichen, von einer allgemeineren, stabileren Konzeptualisierung abhängen, wie z. B. der Leitvorstellung eines ewigen Friedens, wie ihn Immanuel Kant skizzierte.

Das 21. Jahrhundert ist allerdings noch weit von diesem Kant'schen immerwährenden Frieden entfernt, einem Frieden, auf den sich die Vereinten Nationen einst gründeten, der aber letztlich bei Fragen der Wahrung und Stabilisierung des internationalen Friedens unwirksam ist.

Kein Friede in Sicht

Heute sind Europa und die Welt Zeuge von Kriegen in verschiedenen Regionen, zusätzlich zu den anderen, anhaltenden globalen Krisen in den Bereichen Klima, Finanzen oder Demokratie. Die supranationalen institutionellen Strukturen, die die Interdependenz der Nationalstaaten ermöglichen, waren nicht erfolgreich bei der Aufrechterhaltung der Idee eines globalen positiven Friedens. Alle intellektuellen und politischen Initiativen in dieser Richtung scheinen den Interessen der Nationalstaaten und den Agenden ihrer politischen Führungen geopfert zu werden.

Die Idee friedlicher Koexistenz wohnt der Demokratie inne und ist damit zugleich Gradmesser für die Funktionsfähigkeit von Demokratien.

Es überrascht daher nicht, dass Weltanschauungen, die Gewalt und Krieg als eine unvermeidliche Realität der menschlichen Natur betrachten und die globalen Ungleichheiten und Ungerechtigkeiten durch diese Idee legitimieren, immer mehr an Bedeutung und Einfluss gewinnen. Getragen werden diese vor allem durch die nationalistischen Diskurse und Ideen des Rechtspopulismus, der nationale Interessen jeder Überlegung zwischen- oder supranationaler Gemeinschaftsbildung voranstellt und Gewalt wie Kriege relativiert. Diese Normalisierung und Verharmlosung von Gewalt und Krieg schließen nicht nur die Möglichkeit eines positiven Friedens aus, sondern stehen auch in direktem Widerspruch zu dem Ideal der Demokratie, welches getragen ist von den Vorstellungen von einem dauerhaften oder immerwährenden Frieden.

Ein zentraler Punkt, der die Demokratien eint, ist die Annahme einer friedlichen Koexistenz zwischen Staaten. Sie widerspricht der Idee, Gewalt und Krieg als Teil der menschlichen Natur zu betrachten und sie zu normalisieren. Die Idee friedlicher Koexistenz wohnt der Demokratie inne und ist damit zugleich Gradmesser für die Funktionsfähigkeit von Demokratien.

Aus dieser Perspektive können wir feststellen, dass die Demokratisierung der Nationalstaaten und damit die Möglichkeiten eines immerwährenden Frieden umstritten sind und daran gemessen viele Demokratien in

Verbund mit anderen Demokratien als nicht stabil zu bezeichnen sind. Zudem wird deutlich, dass eine Vorbedingung, die für die friedliche Koexistenz entscheidend ist, bei der Frage nach dem Frieden übersehen wird: Gesellschaftliche Gruppen und Mitglieder der Gesellschaft müssen die Idee tragen. Umso mehr kommt es darauf an, die Beziehung zwischen dauerhaftem Frieden und dem Glauben an die Demokratie auf der oben genannten Ebene der Einstellungen der Gesellschaftsmitglieder genauer zu betrachten. Die Wahrnehmungen und Einstellungen der Gesellschaftsmitglieder sollten daher nicht ausgeblendet werden, sondern Beachtung finden, denn nicht zuletzt müssen Staaten durch ihre Mitglieder legitimiert werden. Mehr noch, sie müssten auch die Einstellungen und Überzeugungen gegenüber Krieg oder Frieden berücksichtigen, wenn sie Kriegsentscheidungen treffen oder eine Friedenspolitik formulieren.

Bedrohungsmythen und -narrative sollen verunsichern, um Einfluss auf die öffentliche Meinung zu nehmen und die Gewalt zu legitimieren.

Unser Ansatz versteht Krieg und Frieden nicht lediglich als Ausdruck staatlicher Politik, sondern auch als Ausdruck von Erinnerungen, geteilten Bedeutungen und Bildern, die ‚in den Köpfen der Menschen'

Mit Beileidsbekundungen und Protestschildern an der ukrainischen Botschaft drückten zahlreiche Berliner ihre Solidarität mit der Ukraine aus. (picture alliance / ZB / Sascha Steinach)

verankert sind. Demokratisch verfasste Staaten müssen ihre Gründe für Krieg und Frieden vor ihren Bürgern legitimieren, um ihre politischen Aktionen und Maßnahmen zu rechtfertigen. Der Krieg spaltet die Welt in Gruppen und versucht, das Prinzip der Legitimation auszuhebeln. Gerade dies wurde sehr deutlich, als der russische Präsident Wladimir Putin in einer Rede drei Tage vor der Ausweitung des Angriffskrieges gegen die Ukraine die Führung in Kiew als „Nazis“ brandmarkte. Der Einsatz von Delegitimationspropaganda und die Verklärung der eigenen Gewalt – hier als Entnazifizierung – durch eine politisierte Medienmacht ist eine der am häufigsten verwendeten und wirksamsten Regierungsmethoden im Krieg. Die Bedrohungsmythen und -narrative sollen verunsichern, um Einfluss auf die öffentliche Meinung zu nehmen und die Gewalt zu legitimieren.

Das Feind- und Befreiungsnarrativ gebiert eine Ungewissheit, die die Verlässlichkeit von Frieden zerstört. Ungewissheit ist daher ein Schlüsselkonzept in Zeiten globaler, vernetzter Krisen, in denen die Menschen nicht wissen, was die Zukunft bringen wird. Zustände von Ungewissheit werden von Versuchen politischer Entscheidungsträger begleitet, legitime und schnelle Entscheidungen zu treffen. Gesellschaftsmitglieder erleben diese Ungewissheit in verschiedenen Facetten, wie z. B. als relational affektive Ungewissheit, die gekennzeichnet ist als Sorge über eine ungewisse Zukunft, oder epistemologisch/kognitiv, was für fehlendes Wissen oder fehlende Informationen über bestimmte Themen steht.

Die Bielefelder Friedensstudie

Vor dem Hintergrund der bisherigen Überlegungen haben wir kurz nach der russischen Invasion die Bielefelder Friedensstudie (BIEFrie) ins Leben gerufen.[1] Ziel war es, die angesprochenen Wahrnehmungen und Einstellungen der deutschen Öffentlichkeit zu Kriegsnarrativen, dem Friedensverständnis und der Rolle Deutschlands in diesem Krieg zu verstehen. Dabei lag ein besonderer Fokus auf der Frage, ob die deutsche Öffentlichkeit Ungewissheiten und Unsicherheiten im Zusammenhang mit ihren Einstellungen zu Krieg und Frieden erlebt. Von Interesse war auch, wie

1 Die Studie wurde am 9. Mai 2022 als Online-Umfrage gestartet. Die Stichprobe ist nicht repräsentativ, sondern basiert auf einem Convenient Sampling (willkürliche Stichprobe). Die Netto-Stichprobe umfasst 1.048 Teilnehmer mit einem Durchschnittsalter von 44 Jahren; hauptsächlich Hochschulabsolventen (74,5 %) aus der mittleren oder unteren Mittelschicht.

diese Unsicherheit die Unterstützung für militärische oder friedliche politische Maßnahmen der Regierung beeinflusst.

Die Mehrheit der Befragten gab pessimistisch an, dass sie keine Möglichkeit für einen Frieden im Ukraine-Krieg sieht (66,4 Prozent) und mehr als 75 Prozent waren unsicher, wie die Zukunft aussieht. Dies war verbunden mit emotionalen Äußerungen von Angst und Hilflosigkeit in Bezug auf die Gedanken an die Zukunft. Die epistemische Unsicherheit darüber, wie überhaupt der Frieden hergestellt werden kann, wurde sehr deutlich. Die Mehrheit gab an, nicht zu wissen, wie der Frieden wiederhergestellt werden könne.

Für fast jeden zweiten Teilnehmer erschien es ungewiss, wie Frieden wieder möglich werden könnte. Die Friedensunsicherheit war bei SPD- (46,7 Prozent) und Grünen-Wählern (53,4 Prozent), bei höher gebildeten Teilnehmenden (47,1 Prozent) sowie Menschen aus unteren (50 Prozent) wie mittleren (50 Prozent) ökonomischen Schichten stärker ausgeprägt als in den entsprechenden Vergleichsgruppen.

Eine zentrale Frage ist, was die Friedensunsicherheit bedeutet und wie sie die Unterstützung für politische Aktionen und die Regierungspolitik in Deutschland während des Krieges beeinflusst. Eine Zustimmung zu der Aussage, dass man nicht wisse, wie der Frieden wieder hergestellt werden könne, bedeutet nicht zwangsläufig, dass die Befragten auch über eine Definition von Frieden verfügen.

Diejenigen, die sich über den Frieden unsicher sind, sehen definitiv keinen möglichen Frieden in naher Zukunft voraus, und sie geben auch an, dass der Frieden derzeit nicht möglich ist und erkämpft werden sollte

Allerdings haben sie auch keine Kenntnisse über Friedenssicherung oder Versöhnung im Zusammenhang mit dem Ukraine-Krieg, und das ist vor dem Hintergrund der Ausführungen zum Konzept des Friedens entscheidend. Diejenigen, die sich über den Frieden unsicher sind, sehen definitiv keinen möglichen Frieden in naher Zukunft voraus (79,2 Prozent), und sie geben auch an, dass der Frieden derzeit nicht möglich ist und erkämpft werden sollte (37,2 Prozent). Das spiegelt sich auch in Stimmungen und Einstellungen der ukrainischen Öffentlichkeit wider. Sie sieht kaum eine oder keine Option für einen Frieden ohne einen Sieg. Der Sieg über den illegitimen Kriegstreiber Russland ist nach diesem Verständnis Voraussetzung für den wie immer dann gestalteten minimalen und kalten oder weiteren Frieden.

Die angesprochene Haltung spiegelt sich auch in der Einstellung zu möglichen diplomatischen Lösungen wider, die eng mit dem Vertrauen der Öffentlichkeit in nationale und internationale Gremien zusammenhängt. Nach der Studie vertrauen ein Drittel (35 Prozent) der Befragten der ukrainischen Regierung. Nahezu jeder Zweite vertraut der NATO (44,6 Prozent), der Europäischen Union (49,6 Prozent) und der Bundesregierung (53,1 Prozent). Es fällt auf, dass die Friedensunsicherheit schwach, aber überzufällig mit einer höheren Unterstützung für militärisch-politische Maßnahmen in Form von Waffenlieferungen oder Militärhilfe an die Ukraine zusammenhängt. Im Gegensatz dazu gaben ‚Kriegsunsichere' weniger Zustimmung zu militärischen Maßnahmen (35,1 Prozent).

Jeder zweite Befragte vertraut der NATO, deren Generalsekretär Jens Stoltenberg wichtiger Unterstützer des ukrainischen Präsidenten Wolodymyr Selenskyj ist. (picture alliance / Sven Simon / Presidential Office of Ukraine)

Weitere Analysen zeigen, dass Personen mit hoher Friedensunsicherheit militärische Maßnahmen unterstützen, weil sie Russland als kritische Bedrohung für Deutschland und Europa ansehen. Sie stimmen meist mit Aussagen überein wie: „Wenn Russland diesen Krieg gewinnt, wird sich das Selbstbild der EU grundlegend ändern." (59,1 Prozent Zustimmung) oder: „Wenn Russland diesen Krieg gewinnt, wird kein Land in Europa vor Angriffen sicher sein." (51,5 Prozent Zustimmung).

Schlussfolgerungen

Die Ergebnisse unserer Studie deuten darauf hin, dass Frieden als ein schwer zu erreichendes Ziel wahrgenommen wird und dass eine größere Ungewissheit über die Friedensherstellung eher zur Präferenz von militärischen Mitteln führt als zur Bevorzugung diplomatischer Lösungen oder nichtmilitärischer Interventionen. Der Weg zum Frieden führt – gemessen an der hier dokumentierten öffentlichen Meinung – über die Gewalt. Es wird bei Berücksichtigung gesellschaftlicher Überzeugungen schwierig, die Abwesenheit von Gewalt zur Definition von Frieden heranzuziehen. Mehr noch, nach Meinung der Öffentlichkeit in der Ukraine wie auch in Deutschland ist der Ruf nach Frieden bis zu einem entscheidenden militärischen Sieg der Angegriffenen in Verruf geraten. Es liegt jedoch auf der Hand, dass Kriege, die von diesem Nullsummenspiel geprägt sind und von denen erwartet wird, dass sie mit dem entscheidenden Sieg der einen Seite und der Niederlage der anderen Seite enden, in den kollektiven und identitätsrelevanten Erinnerungen zu einer konfliktären Verschärfung der Konstellationen ‚Wir-Gegen-Die' und ‚Freund-Feind' führen werden. Umso mehr kommt es bei der Definition und Politik des Friedens auf einen konzeptionellen Rahmen an, der frei von Prozessen des Krieges oder der Gewalt ist – wenn denn kollektive Wahrnehmungen und Identitäten ernst genommen werden.

Genau an diesem Punkt zeigen Gegenwartsstudien, warum eine Demokratie, die auf öffentlichen und der Befürwortung demokratischer Werte basiert, für einen nachhaltigen und dauerhaften Frieden in der Welt notwendig ist.

Juri Durkot

Die „Antiwelt“ – Nachdenken über Pazifismus

Der ukrainische Autor Juri Durkot, geboren 1965 in Lwiw, studierte Germanistik in Lwiw und Wien. Er ist als freier Publizist, Übersetzer und Produzent tätig. Für die Übersetzung des Romans „Internat“ von Serhij Zhadan wurde er zusammen mit der Übersetzerin Sabine Stöhr 2018 mit dem Preis der Leipziger Buchmesse ausgezeichnet. Seit 2022 führt er für die Zeitung „Die Welt“ ein Tagebuch aus Lwiw.

Dem Pazifismus ist es bisher nicht gelungen, Kriege zu verhindern. Aber es ist schlimm, wenn nicht zwischen Gut und Böse unterschieden wird, zwischen dem Angreifer und dem Opfer, zwischen Freiheit und Sklaverei, zwischen Demokratie und Diktatur. Das lehrt auch die Geschichte.

Was darf Widerstand?

Einige Tage nach dem russischen Überfall auf die Ukraine fing der ukrainische Schriftsteller Juri Andruchowytsch an, einen Text zu schreiben. Der deutsche Titel des Essays, der Ende November 2023 im Suhrkamp-Verlag im Sammelband „Der Preis unserer Freiheit“ erschienen ist, lautet: „Versklavter Wahnsinn: Die Antiwelt“. Er gibt zwar den Hauptgedanken des Verfassers ganz genau wieder, kann aber der versteckten Anspielung im ukrainischen Original nicht folgen. Dies ist auf keinen Fall der brillanten Übersetzung von Sabine Stöhr geschuldet, sondern vielmehr der Tatsache, dass Andruchowytsch sich auf einen Essay des polnischen Dichters und Nobelpreisträgers Czesław Miłosz bezieht, der auf Ukrainisch in etwa „Versklavter Verstand“ (oder, wenn wir das Wortspiel beibehalten wollen, „Versklavter Sinn“) heißt. Der deutsche Titel des Miłosz-Textes – „Verführtes Denken“ – klingt dagegen beinahe unschuldig.

Am Vorabend des russischen Überfalls antwortete Andruchowytsch, der nicht mehr im wehrpflichtigen Alter ist, auf die Frage eines polnischen Journalisten, ob er in die Armee eintreten würde, dass er sich eher einer Partisanengruppe anschließen könnte, um in den Bergen und Wäldern weiterzukämpfen. Waffen beschaffen und Widerstand leisten, selbst wenn es unmöglich wäre, aus der Stadt zu kommen.

„Aus der Deckung bis zum Letzten schießen – in deiner Straße, vor dem Haus, sie am Eingang niedermachen, oder aus dem Fenster, oder von der Schwelle, hinter einem Sandsack liegend. Die letzte Kugel für dich selbst, die vorletzte für deine Frau. Aber auch das ist wieder übertrieben – beide für dich, die vorletzte und die letzte. All das kam in Frage. Hauptsache, ihnen nicht lebendig in die Hände fallen. Hauptsache, ihre Folter, Anwerbeversuche, Filtration, Kastration nicht erleben müssen. Hauptsache, nicht erlauben, dass sie dich *umerziehen*!"

Ich weiß nicht, ob die deutschen – und die westlichen – Pazifisten diesen Text gelesen haben. Und wenn ja – ob sie die Gründe verstanden haben, warum Andruchowytsch sich so entschieden hätte. Ob sie vielleicht nicht den Eindruck hätten, es gehe um die emotionale und poetische Übertreibung eines verzweifelten Schriftstellers. Zugegeben, der Text ist tatsächlich sehr emotional gefärbt, aber Andruchowytsch will uns alle ausdrücklich noch einmal auf etwas aufmerksam machen, was seine Entscheidung, nicht in die Hände der Besatzer zu gelangen, geprägt hat. Es sind die geschichtlichen Erfahrungen mit der monströsen Gewalt, die Ukrainer, aber auch andere Osteuropäer, in der Vergangenheit bereits erlebt haben.

Ausgebrannte, russische Panzer in Butscha nach dem Abzug der Besatzer. (picture alliance / Zumapress / Carol Guzy)

Mit einem einzigen Unterschied: Die Sowjetunion (oder Russland, mit dem diese immer gleichgesetzt wurde) negierte damals die nationale Identität der Osteuropäer nicht – seien es Polen, Tschechen, Esten oder Letten. Dabei bedeutete die Ankunft der Sowjettruppen überall und immer willkürliche Verhaftungen, Massenmorde, Folter und Deportationen. In einigen Ländern wie in Polen, zu dem damals die Westukraine und Westbelarus gehörten, oder in den baltischen Staaten geschah dies nach dem Hitler-Stalin-Pakt gleich zu Beginn des Zweiten Weltkriegs 1939. Also noch vor dem deutschen Überfall auf die Sowjetunion und den Schrecken der nationalsozialistischen Besatzung. Für andere bedeutete die Befreiung am Ende des Zweiten Weltkrieges, dass gleich eine neue – sowjetische – Besatzung folgte. Die Zahl der Ermordeten, Gefolterten, zu Tode Verhungerten, Deportierten und zur mörderischen Arbeit in den Arbeitslagern Verurteilten geht in die Hunderttausende oder gar in die Millionen. Der Westen schaute zu. Es war wieder Frieden im zerstörten Europa, aber man interessierte sich nicht wirklich für die Schicksale der armen Osteuropäer, die plötzlich in die Klauen eines anderen blutrünstigen Diktators geraten waren.

Im Putinschen Weltbild und in der Parallelwelt der Propaganda, von der die russische Gesellschaft längst unheilbar vergiftet zu sein scheint, gibt es die Ukraine und die Ukrainer als Nation einfach nicht. Wenn die Ukrainer anderer Meinung sind, dann müssen sie „umerzogen" werden.

Mit den Ukrainern ist es nun nach dem brutalen Überfall eines modernen, vom Größenwahn und Obsessionen geprägten Diktators noch einmal anders. Im Putinschen Weltbild und in der Parallelwelt der Propaganda, von der die russische Gesellschaft längst unheilbar vergiftet zu sein scheint, gibt es die Ukraine und die Ukrainer als Nation einfach nicht. Wenn die Ukrainer anderer Meinung sind, dann müssen sie „umerzogen" werden. Kein Wunder, dass ein Moskauer Radiojournalist von einem kleinen Gulag unter der sengenden Sonne der ukrainischen Steppe spricht, „für ukrainische Schullehrer, die es noch nicht gelernt haben, unsere wunderschöne Heimat zu lieben". Ein anderer russischer Propagandist fordert gar, ukrainische Kinder in den Fluss zu werfen, wenn sie die russische Welt nicht akzeptieren wollten.

„Verrat der Intellektuellen"

Die Probleme vieler westlicher Intellektuellen fangen damit an, dass sie folgendes nicht bereit waren, anzuerkennen: Im Zweiten Weltkrieg hat man einen Massenmörder mit Hilfe eines anderen Massenmörders besiegt. Das mörderische Wesen des Stalinismus wurde im Westen vielerorts relativiert oder bagatellisiert. Es war ein Verrat an Osteuropa, ein „Verrat der Intellektuellen", wie ihn der französische Philosoph und Schriftsteller Julien Benda schon einmal Ende der 1920er Jahren mit Blick auf den aufkommenden Nationalsozialismus beklagte. Das rächt sich bis heute.

Vor vielen Jahren war ich mit meinem Sohn zu Besuch in Berlin. Er war damals noch in der Grundschule, vielleicht sogar frisch eingeschult.

Also etwa sieben oder acht. Es war am Abend spät geworden, das Kind war müde und schläfrig. Wir hatten aber beschlossen, ans Warschauer Tor zu fahren, um ein Stück Berliner Mauer zu sehen. Schon auf dem Hinweg schlief mein Sohn in der S-Bahn ein, sodass er die Mauer nur im Halbschlaf gesehen hat. Ich habe ihm erklärt, dass es die Sowjetunion war, die die Berliner Mauer errichten ließ, aber die Details ließ ich der Einfachheit halber weg. Es war nur ein kurzer Ausflug, und wir fuhren zurück ins Hotel. Einige Monate später fragte ihn jemand, ob er wisse, was die Sowjetunion gewesen sei. Es war eine spontane Frage, keine politische Diskussion. Mein Sohn sagte: „Ja, die Sowjetunion war böse." Die Erwachsenen waren verblüfft über die schnelle Antwort. „Warum?" Seine Antwort: „Weil sie die Mauer erbauen ließ."

Wir haben uns mit meinem Sohn nicht ausführlich über die Verbrechen des Kommunismus unterhalten, aber ein kleines Kind scheint intuitiv zu spüren, dass jemand, der Mauern baut, um Menschen darin einzusperren, böse sein muss.

Manche Pazifisten und andere Friedensstifter merken das offenbar nicht. Dabei geht es im Angriffskrieg gegen die Ukraine sogar um Morden und den Versuch, eine Nation auszulöschen. Trotzdem wollen manche Frieden um jeden Preis. Wäre das nicht wieder ein Verrat? Lernt man denn überhaupt nicht aus der Geschichte?

Teile der deutschen Friedensbewegung gingen gegen den Krieg in der Ukraine auf die Straße. (picture aliance / Panama Pictures / Christoph Hardt)

Ich bin mit der Überzeugung aufgewachsen, dass Gewalt abscheulich ist. Als Teenagern der späten 1970er und frühen 1980er Jahre war uns vielleicht nicht ganz klar, welches monströse Ausmaß die ungeheuerliche Gewalt im 20. Jahrhundert erreicht hat. Ich weiß nicht, ob es für einen Menschen, der im relativen Frieden lebt, überhaupt möglich ist, das zu begreifen. Über die Gräueltaten der Deutschen haben wir in der Schule gelernt. Über die Gräueltaten der Sowjets herrschte Schweigen. In den Familien wurde nur selten oder nur im Flüsterton darüber gesprochen. Über manche Dinge, wie den

Holodomor in den 1930er, eher gar nicht.[1] Galizien, das damals zu Polen gehörte, war von diesem Horror nicht betroffen.

Ich spielte nicht wie andere Kinder mit Waffen. Wenn ich mich richtig erinnere, hatte ich keine Spielzeugpistolen. Meine Eltern schenkten mir keine Panzer oder Maschinengewehre aus Plastik oder Holz zum Geburtstag. Ich spielte keine „Wojnuschka“ (Kriegchen) im Hof, wie die Kinder dieses Spiel nannten. In den älteren Schulklassen musste ich wie alle anderen ab und zu eine Kalaschnikow in die Hand nehmen, die wir im Militärunterricht auseinandernahmen und wieder zusammenbauten. Zu Weihnachten und Ostern wurden wir in die Schule beordert, wo wir in einer Schießbude mit einem Luftgewehr schossen. Eine perfide Erfindung sowjetischer Behörden, die den Schülern auf diese Weise Atheismus einbläuen wollten. In den Vergnügungsparks habe ich nie geschossen und somit auch nie ein Plüschtier als Preis gewonnen. Später, als ich erwachsen wurde und studierte, wurde ich wegen einer Sehschwäche als wehrdienstuntauglich eingestuft und nicht eingezogen. Somit blieb mir das Schicksal vieler junger Männer meiner Generation erspart, von denen nicht wenige in den sowjetischen Afghanistan-Krieg geschickt wurden.

Ich habe nichts gegen den Pazifismus als ethische Überzeugung, selbst wenn er noch keinen Krieg verhindert hat. Schlimm ist nur, wenn man nicht zwischen Gut und Böse unterscheiden kann, zwischen dem Angreifer und dem Opfer, zwischen Freiheit und Sklaverei, zwischen Demokratie und Diktatur.

Ich habe nichts gegen den Pazifismus als ethische Überzeugung, selbst wenn er noch keinen Krieg verhindert hat. Schlimm ist nur, wenn man nicht zwischen Gut und Böse unterscheiden kann.

Warum verlangen die Pazifisten und Vertreter der Friedensbewegung, dass der Westen keine Waffen mehr an die Ukraine liefert? Glauben sie tatsächlich, dass dadurch plötzlich ein gerechter Frieden einkehrt? Sehen sie nicht, dass er eher an einen Friedhofsfrieden erinnern würde? Es ist schlimm genug, dass man vor dem russischen Überfall die Warnrufe der Osteuropäer ignoriert hat und jeder, der dazu aufgerufen hat, die Ukraine auszurüsten, damit sie sich verteidigen kann, sofort als „Kriegstreiber“ abgestempelt wurde. Aber so etwas nach Butscha oder Isjum zu

1 Der Begriff Holodomor (Tötung durch Hunger) steht für den Teil der Hungersnot in der Sowjetunion in den 1930er Jahren in der Ukrainischen Sozialistischen Sowjetrepublik. Dort fielen dem Hunger schätzungsweise drei bis sieben Millionen Menschen zum Opfer. Die Ukraine bemüht sich seit der Unabhängigkeit 1991 um eine internationale Anerkennung des Holodomors als Völkermord und findet dafür zunehmend Unterstützung.

verlangen, wo Zivilisten auf brutale, unmenschliche Art und Weise gefoltert und ermordet wurden? Sie wurden in Massengräbern verscharrt oder einfach auf der Straße liegen gelassen. Wenn jemand tatsächlich glaubt, dass nach dem russischen „Sieg“ oder einem faulen, von Russland aufgezwungenen „Kompromiss“ Folter, Mord und Entführungen in den besetzten Gebieten aufhören, dann sollte er nur die Geschichtsbücher aufschlagen.

Dort, wo die ukrainische Armee russische Besatzer vertreiben konnte, fand man nicht nur Massengräber und Folterkammern, sondern auch zurückgelassene Listen von Journalisten, Menschenrechtlern, Kulturschaffenden, proukrainischen Aktivisten oder ehemaligen Soldaten. Manche wurden getötet, andere sind spurlos verschwunden, und viele Überlebende wollen nicht über ihre grausamen Erfahrungen in russischer „Untersuchungshaft“ berichten.

War es denn ein Fehler, dass die Menschen 1956 in Budapest und 1968 in Prag auch keine weiße Kleidung trugen? Oder die friedlichen Demonstrationen 2014 im Donbas, die niedergeschlagen wurden.

Vielleicht gibt es jetzt keine abenteuerlichen Vorschläge mehr so wie unmittelbar nach dem 24. Februar 2022. Damals hatte jemand den Ukrainern empfohlen, in weißer Kleidung mit weißen Friedensfahnen die Einfallstraßen in die großen Städte zu blockieren. Ich glaube nicht, dass man lange raten muss, wie das russische Militär darauf reagiert hätte. War es denn ein Fehler, dass die Menschen 1956 in Budapest und 1968 in Prag auch keine weiße Kleidung trugen? Oder die friedlichen Demonstrationen 2014 im Donbas, die niedergeschlagen wurden. Selbst 2022 haben Bewohner von Cherson am Anfang der russischen Besatzung noch versucht, friedlich dagegen zu demonstrieren. Mit der Zeit hat der russische Inlandsgeheimdienst FSB in der Tradition seines sowjetischen Vorgängers NKWD das Problem gelöst. Es lässt sich mit bloßen Händen kaum etwas gegen Terror ausrichten.

Warum verlangen Friedenskämpfer nicht stattdessen vom Angreifer, die Aggression zu beenden? Will man einen Frieden um jeden Preis, weil die Angst vor Russland so groß ist? Oder fühlen sich manche Friedensfreunde aus ihrer Komfortzone gerissen, weil die Fernsehbilder der russischen Raketenangriffe, die immer neue Menschenleben fordern , so grausam sind? Von den Folterungen gibt es keine Fernsehbilder. Es passiert im Stillen, ist aber für die Opfer nur noch grausamer.

Bis heute will die ungeheuerliche Grausamkeit – eine Art „Antiwelt“, wie Andruchowytsch sie im Titel seines Essays bezeichnet – nicht verschwinden. Es reicht nicht, nur zum Frieden aufzurufen. Man muss sich entscheiden, auf welcher Seite man steht. Sonst wird man selbst zum Teil der „Antiwelt“.

Der schwierige Weg zum Frieden

Ein Gespräch mit dem Vermittler Sergio Jaramillo Caro

Der frühere kolumbianische Hochkommissar für Frieden Sergio Jaramillo Caro vermittelte 2016 nach mehrjährigen Verhandlungen in seiner südamerikanischen Heimat einen Friedensvertrag mit der Guerillabewegung FARC, die danach die Waffen niederlegte und anschließend als politische Partei aktiv wurde. Seither reist der Vermittler von Brüssel aus in andere Teile der Welt, um seine Erfahrungen einzubringen. Bei seinem Besuch in der Ukraine im Juni 2023 wurde er durch den russischen Raketenangriff auf ein Café in der Stadt Kramatorsk leicht verletzt. Die ukrainische Schriftstellerin Victoria Amelina, die mit ihm in den Donbas gereist war, starb an ihren Verletzungen im Krankenhaus. Über Verhandlungschancen und Aussicht auf Frieden im russischen Krieg gegen die Ukraine sprach mit dem studierten Philosophen OWEP-Chefredakteurin Gemma Pörzgen.

Wie sind Sie Friedensvermittler geworden?
Das war reiner Zufall. Ich war ursprünglich in der Sicherheitspolitik tätig und von 2006 bis 2009 stellvertretender Verteidigungsminister in Kolumbien. Mein Chef Juan Manuel Santos wurde Präsident und ernannte mich 2010 zum nationalen Sicherheitsberater. Eine meiner ersten Aufgaben war es, einen „back channel" zu den Guerilla-Kämpfern der FARC zu organisieren.[1] Das Ziel war, auf diesem Wege in Verhandlungen einzutreten. Aber das hat sehr lange gedauert. Es sind sieben Jahre vergangen, bis die FARC ihre Waffen niederlegte. Die ersten zwei Jahre ging es darum, diesen „back channel" zu etablieren, dann begannen erste geheime Gespräche mit der FARC in der kubanischen Hauptstadt Havanna. Das endete dann mit einem ersten Rahmenabkommen. Damit gingen wir dann erstmals an die Öffentlichkeit, um offiziell zu verkünden, dass wir jetzt in Verhandlungen mit der Guerilla eintreten. Zu diesem Zeitpunkt wurde ich zum Hochkommissar für Frieden ernannt, und wir haben noch einmal vier Jahre lang verhandelt. Mit Unterstützung einer UN-Beobachtermission ist es dann gelungen, die FARC zu entwaffnen.

1 Die FARC (Revolutionäre Streitkräfte Kolumbiens – Volksarmee) war eine linke, sozialrevolutionäre Guerillabewegung in den Bürgerkriegen Kolumbiens.

Wichtige Faktoren sind also viel Zeit und Geduld. Welche Erfahrungen, die Sie in Kolumbien gemacht haben, sind auf andere Konflikte und ihre mögliche Lösung übertragbar?
Ich betone immer, dass jeder Konflikt anders ist. Andererseits haben alle Konflikte etwas gemeinsam: Alle Beteiligten denken, dass ihre Konflikte einzigartig sind. Wenn man sich anschaut, wie ein Friedensprozess strukturiert wird, dann gibt es dabei viele gemeinsame Elemente. Deshalb ist es wichtig, zunächst zu verstehen, was die besondere Situation auszeichnet. Davon ausgehend kann man auf andere Erfahrungen, Ideen und Mechanismen für diesen speziellen Fall zurückgreifen.

Was sind denn diese Gemeinsamkeiten?
Es macht beispielsweise einen großen Unterschied, ob Verhandlungen geheim oder öffentlich geführt werden. Wenn Sie sich die ganze Tragödie des Nahen Ostens ansehen und dabei auf den Anfang der Verhandlungen zurückblicken mit der Madrid-Konferenz von 1991. Was ist damals passiert? Unter Federführung der USA war die Madrid-Konferenz damals der Versuch der internationalen Gemeinschaft, Israel, Syrien, Libanon, Jordanien und die Palästinenser an den Verhandlungstisch zu bringen und einen Friedensprozess einzuleiten. Er sollte multilateral Israel und die arabischen Staaten ins Gespräch bringen und dann in Washington bilateral Israel und die PLO. Parallel wurde wenige Monate später ein weiterer Gesprächskanal Israels mit der PLO in Norwegen eröffnet. Auf diese Weise gab es damals zur gleichen Zeit zwei parallele Verhandlungsprozesse. Der geheime in Oslo kam schnell voran, der öffentliche in Washington dagegen gar nicht. Dafür gibt es viele Gründe. Ein Hauptgrund ist, dass es viel schwieriger ist, Fortschritte zu erreichen, wenn die Verhandlungen im Scheinwerferlicht der Medien stehen und man seine Positionen in der Öffentlichkeit verteidigen muss.

Sollten Verhandlungen deshalb besser geheim bleiben?
Nein, die Öffentlichkeit sollte schon Bescheid wissen. Aber der unmittelbare Anfang ist eine sehr sensible Phase, in der es schwer ist, Erfolge zu erzielen, wenn man nicht zunächst Geheimverhandlungen beginnt.

Weil man zunächst Vertrauen bei den Verhandlungspartnern aufbauen muss?
Es ist wichtig, die andere Seite austesten zu können und ein paar Ideen auszuprobieren, bevor man das Risiko auf sich nimmt, in die Öffentlichkeit zu gehen. Der Übergang von Geheimgesprächen zu öffentlichen ist in

dieser Hinsicht überall gleich. Die Folge sind großer öffentlicher Druck, politische Sorgen und Unsicherheit gegenüber den Medien. Es besteht das Risiko, dass in der Presse die eigentlichen Vorgänge falsch interpretiert werden. Man muss deshalb seiner Position sehr sicher sein, bevor man in die Öffentlichkeit geht.

Was bedeutet das für den Krieg in der Ukraine? Was sind dort die Besonderheiten, und wo gibt es Parallelen zu anderen Konflikten?
Leider muss ich sagen, dass ich im Fall der Ukraine skeptisch bin, ob es mit der russischen Seite zu echten Verhandlungen kommen kann. Ich sehe nicht, wie man mit Präsident Wladimir Putin ernsthalt ins Gespräch kommen kann. Ich glaube, er hat daran kein Interesse, und zudem ist es noch zu früh. Aber auch dieser Krieg wird eines Tages zu Ende gehen. Wir wissen nicht, wann das sein wird. Das bedeutet allerdings nicht, dass man nicht bestimmte Dinge bereits planen sollte. Wenn die Kämpfe eines Tages enden und es zunächst irgendeine Form der Waffenruhe gibt, dann muss diese beobachtet und überwacht werden – auch wenn es noch kein Friedensabkommen gibt. Im Fall der Ukraine ist das ein sehr wahrscheinliches Szenario.

Der richtige Umgang mit der Medienöffentlichkeit ist eine der großen Herausforderungen für die Vermittler, wie Sergio Jaramillo Caro 2016 selbst erlebte. (Imago / Agencia EFE)

Es gab 2015 bereits die Minsk-Vereinbarungen, und wir wissen, wie schlecht sie funktioniert haben. Deshalb wäre eine erste Verpflichtung, diese Fehler von damals nicht zu wiederholen.[2] Wenn es eine Waffenruhe in der Ukraine geben sollte, dann wird ein klares Mandat benötigt, wer sie überwacht. Das war 2015 mit der OSZE nicht der Fall. Eine Beobachtermission muss vernünftig vorbereitet werden. Wenn ich den Vergleich mit meinen Erfahrungen in Kolumbien ziehe, dann war während der Friedensverhandlungen mit der FARC meine Reise nach New York ganz zentral. Dort habe ich mit dem UN-Sicherheitsrat und dessen Sekretariat darüber gesprochen, wie die Beobachtermission vorbereitet werden musste. Wir benötigten einen verlässlichen Mechanismus für die Beobachtung des Waffenstillstands und die Kontrolle der Entwaffnung der FARC. Zweieinhalb Jahre bevor es dazu kam, haben meine Planungen bereits begonnen, und ich bin nach New York gereist. Nur so hat man alles gut vorbereitet, wenn der Moment gekommen ist. Denn, wenn die Kämpfe enden, und es ist nichts vorbereitet, kann ein gefährliches Vakuum entstehen. Dann laufen die Dinge oft schief. Sich rechtzeitig vorzubereiten, ist deshalb sehr wichtig.

Gibt es denn im Fall der Ukraine bereits solche Pläne?
Ich kann nicht sagen, dass da nichts passiert. Aber das muss eben sehr leise geschehen, ohne viel Lärm. Das ist sehr risikoreich. In einigen Fällen können zivilgesellschaftliche Akteure etwas tun, damit die Regierung nicht in der Verantwortung ist.

Sie waren selbst im Juni 2023 in der Ukraine. War dies auch Teil einer Mission, um herauszufinden, wie die Lage ist und zukünftige Friedensverhandlungen vorzubereiten?
Nein, der Besuch war eher Teil einer Solidaritätskampagne lateinamerikanischer Schriftsteller. Wir fanden, was in der Ukraine geschieht, einfach unfassbar. Ein Mitglied des UN-Sicherheitsrates überfällt sein Nachbarland und zerstört die Basis internationalen Rechts. Lateinamerika steht sehr stark in der Tradition des internationalen Rechts. Wir sind der Kontinent mit der geringsten Zahl von Kriegen zwischen Staaten. Lateinamerika hat bei der Gründung der Vereinten Nationen eine wichtige Rolle gespielt.

2 Das Minsker Abkommen sollte 2015 für Frieden in der Ukraine sorgen. Die Vereinbarungen umfassten einen Waffenstillstand und den Abzug schwerer Waffen sowie andere Regelungen. Es wurde durch die Organisation für Sicherheit und Zusammenarbeit in Europa (OSZE) überwacht und scheiterte an den Konfliktparteien.

Es gab in Kolumbien im Januar 2023 ein großes Festival mit wichtigen Schriftstellern wie Leonardo Padura aus Kuba oder Juan Gabriel Vásquez aus Kolumbien, die sich im Rahmen unserer Kampagne „Aguanta Ucraina" gegen den Krieg in der Ukraine aussprachen. Dann haben sich Dutzende andere wie die argentinische Bestsellerautorin Isabel Allende oder Milton Hatoum aus Brasilien der Kampagne angeschlossen. In der Folge wurden wir zur Kiewer Buchmesse im Juni 2023 eingeladen. Ich schlug vor, von dort aus in den Donbas zu fahren, um selbst einen Eindruck vom Kriegsgeschehen zu bekommen. Die ukrainische Schriftstellerin Victoria Amelina begleitete uns. Wir fuhren erst nach Charkiw und reisten dann weiter nach Kramatorsk. Dort saßen wir in dem Café, als eine russische Iskander-Rakete dort einschlug. Das war schrecklich. Victoria starb wenige Tage später im Krankenhaus an ihren Verletzungen. Aber auch nach diesem Erlebnis haben wir nicht aufgehört, überall die Stimme gegen diesen Krieg zu erheben. Im Europäischen Parlament haben wir eine große Veranstaltung organisiert, als die lateinamerikanischen Präsidenten in Brüssel zu Gast waren. Wir haben mehr als 2.000 Plakate in der belgischen Hauptstadt aufhängen lassen mit Sätzen wie „Eine Invasion ist eine Invasion" oder „Wir Lateinamerikaner stehen an der Seite der Ukraine". Wir versuchen Brücken zu bauen zwischen Lateinamerika und der Ukraine.

Präsident Putin versucht einiges, um den Globalen Süden von der russischen Position in diesem Krieg zu überzeugen. Würden Sie sagen, er hat damit in Lateinamerika Erfolg?
Der Begriff Globaler Süden bedeutet nicht viel. Was ist damit gemeint? Selbst China wird da oft einbezogen. Aber es stimmt natürlich, dass Putin mit einigem Erfolg versucht hat, den Krieg als anti-westlichen Kampf zu darzustellen. Dieses Argument benutzt er, um Unterstützer zu finden. Da sind zum Beispiel die BRICS-Staaten, die einigen Schaden angerichtet haben.[3] Sie haben dazu beigetragen, das russische Vorgehen scheinbar zu normalisieren, indem sie Russland als Mitglied weiter in einer Weise behandelt haben, als wäre nichts geschehen. Dabei hat Russland sein Nachbarland überfallen und ermordet ständig Zivilisten. Es ist ein Skandal, dass ein ständiges Mitglied des UN-Sicherheitsrates, zu dessen Aufgaben es gehört, weltweit für die Achtung internationalen

3 Die BRICS-Staaten (Brasilien, Russland, Indien, China und Südafrika) erweitern sich ab 2024 um Iran, Saudi-Arabien, Vereinigte Arabische Emirate, Ägypten, Äthiopien und Argentinien.

Rechts einzutreten, stattdessen absichtlich und gezielt Zivilisten in einem Nachbarland tötet.

Was bedeutet das für einen zukünftigen Verhandlungsprozess? Sie haben zwar gesagt, dass es mit Putin nicht möglich ist, in solche Gespräche einzutreten, aber welche Perspektiven sehen Sie?
Die ganze Strategie von Putin ist, im Krieg gegen die Ukraine auf Zeit zu setzen. Er hofft darauf, dass die Menschen von dem Krieg ermüden und die Unterstützung für die Ukraine nachlässt. Deshalb sind Information und Kommunikation so wichtig, um das Bewusstsein dafür wachzuhalten, was in der Ukraine täglich geschieht. Auch wenn ich nicht glaube, dass Verhandlungen mit Putin möglich sind, denke ich doch, dass man an einigen Mechanismen arbeiten muss. So kann man sich auf den Tag vorbereiten, wenn die Ukrainer sich dafür entscheiden, den Krieg zu beenden. Wann immer das sein wird. Darauf sollten wir vorbereitet sein.

Bei dem russischen Raketenangriff auf ein beliebtes Lokal in Kramatorsk wurden am 27. Juni 2023 dreizehn Menschen getötet, darunter auch die ukrainische Schriftstellerin Victoria Amelina. (picture alliance / Photoshot)

Welche Rolle sehen Sie dabei für Deutschland?
Die wichtigste Rolle für Deutschland ist, die Ukraine weiter zu unterstützen und sicher zu gehen, dass die Europäische Union ihre Unterstützung fortsetzt. Außerdem sollte der Weg zur EU-Mitgliedschaft für die Ukraine offenbleiben. Das ist ein sehr wichtiger Punkt. Es wird dauern, aber das ist die Zukunft. Für diese Perspektive kämpfen die Ukrainer in diesem Krieg.

Andreas Heinemann-Grüder

(K-)Ein Ende des Ukrainekrieges?

Professor Dr. Andreas Heinemann-Grüder, geboren 1957 in Potsdam, lehrt Politikwissenschaft an der Universität Bonn und forscht am Bonn International „Center for Conflict Studies". Er ist Mitglied im Beirat zivile Krisenprävention der Bundesregierung.

Beobachter des Krieges und politische Entscheidungsträger fragen sich besorgt, wie Russlands Krieg gegen die Ukraine enden könnte, wie lang er dauern wird und was das ultimative Ziel der Unterstützung der Ukraine ist – die Verhinderung einer vollständigen Niederlage, die Rückkehr zum Status quo vor dem 24. Februar 2022, die Rückeroberung des Donbas und der Krim oder gar ein Regimewechsel in Moskau? Ein Überblick über mögliche Szenarien.

Veränderte Lage

Im März und April 2022 gab es vor allem durch die Türkei vermittelte Verhandlungen zwischen Russland und der Ukraine in Istanbul. Die Regierung in Kiew war damals noch zu erheblichen Kompromissen bereit: zu Gesprächen über einen Waffenstillstand, zu ständiger ukrainischer Neutralität und internationalen Sicherheitsgarantien – auch zu einem direkten Treffen zwischen dem russischen Präsidenten Wladimir Putin und dem ukrainischen Staatschef Wolodymyr Selenskyj.

Doch Putin lehnte ab, weil er sich militärisch noch auf der Siegerstraße wähnte. Infolge der russischen Kriegsverbrechen im Kiewer Vorort Butscha und der russischen Annexion von vier ostukrainischen Gebieten lehnte auch Präsident Selenskyj per Dekret vom 4. Oktober 2022 jegliche weiteren Verhandlungen mit Moskau ab. Zu diesem Zeitpunkt wähnte sich die Ukraine in der Offensive.

Inzwischen hat sich die Lage stark verändert: Es mehren sich die Stimmen, insbesondere in den USA, die vor den dortigen Präsidentschaftswahlkampfes 2024 vor einem langanhaltenden Krieg warnen, weil sie die deklarierten Kriegsziele der Ukraine nicht mehr für erreichbar halten. Niemand ist jedoch seither als kraftvoller Vermittler und Agenda-Setzer aufgetreten trotz publikumswirksamen Auftritten der Regierungschefs von Südafrika, China, Brasilien, Saudi-Arabien und der Türkei.

Die Zahl jener, die von einem langanhaltenden Krieg ausgehen, nimmt zu, allerdings auch das Bewusstsein der Risiken eines langen Krieges. Das politische Kapital, mit dem die Ukraine rechnen kann, ist deshalb begrenzt. Selbst wenn es noch zu früh ist, um mit Verhandlungen zu beginnen, sollten bereits jetzt erste Grundlagen dafür politisch vorbereitet werden. Andernfalls droht ein fauler oder schmutziger Frieden oder gar eine Preisgabe der Ukraine durch die westlichen Partner. Die westliche Allianz für die Unterstützung der Ukraine steht und fällt letztlich mit der Standfestigkeit der US-Regierung.

Eine Vielzahl von sich wechselseitig beeinflussenden Faktoren beeinflusst ein mögliches Kriegsende. Drei Faktoren stechen dabei hervor: die Mehr- oder Eindeutigkeit der Lage an der Front, die (Un-)Sicherheit über eine künftige Revision der Kriegsergebnisse und die Rückwirkungen von Sieg oder Niederlage auf das politische Überleben von Politikern. Das Kriegsende wird außerdem davon beeinflusst, wie sich die Konfliktparteien einen Ausgang vorstellen. Eine Voraussetzung für eine Beendigung des Krieges wären die Frustration der russischen Aggressoren und die Stärkung der ukrainischen Selbstgewissheit. Überwiegende Einigkeit besteht im Westen darüber, dass die Ukraine militärisch in eine möglichst vorteilhafte Position geraten sollte. Ukrainische Gewinne und die Demonstration russischer Verwundbarkeit wären demnach Voraussetzungen für mögliche Verhandlungen. Im Mittelpunkt der Debatte um ein mögliches Kriegsende stehen deshalb zwei Fragen: Warum sollte Putin nachgeben, und welche „Garantien" gäbe es dafür, dass ein Frieden hält?

Im Mittelpunkt der Debatte um ein mögliches Kriegsende stehen zwei Fragen: Warum sollte Putin nachgeben, und welche „Garantien" gäbe es dafür, dass ein Frieden hält?

Dilemmata der Kriegsbeendigung

Jeder Versuch, den Krieg zu beenden, ist mit mindestens fünf Dilemmata konfrontiert. Entweder wird die territoriale Integrität und Souveränität eines Landes garantiert oder ein „Land für Frieden"-Deal geschlossen. Der Kampf um den Erhalt der territorialen Integrität kann, zweitens, einen langanhaltenden Krieg nach sich ziehen, der dann die wirtschaftliche

Lebensfähigkeit des Landes bedroht. Der Krieg kann drittens mit einem gerechten Frieden, das heißt der Wiederherstellung von Recht und Gerechtigkeit enden oder mit einem Friedensabkommen, das die „Bücher schließt", also die Kriegsschuldfragen außen vorlässt. Darüber hinaus sind sich, viertens, die Kriegsgegner und ihre Unterstützer stets uneins, ob ein langer oder kurzer Krieg vorteilhaft wäre? Man also weiterkämpfen oder sich auf die Festschreibung des Status quo einigen sollte? Ebenso lange Zeit bleibt unsicher, wer am Ende Gewinner eines Krieges ist. Von diesem fiktiven Endpunkt aus schauen die Akteure zurück – mit welchem Kriegsergebnis, mit welchem Frieden könnte man leben? Schließlich, fünftens, will keine Seite als erste Kompromissbereitschaft signalisieren, weil dies als Zeichen der Schwäche ausgelegt werden könnte.

Denkbare Szenarien

Theoretisch könnten (1) Russland oder (2) die Ukraine ihre maximalen Ziele erreichen. Der Krieg könnte (3) noch internationalisiert werden, indem westliche Staaten entweder zum Opfer russischer Angriffe werden oder sie selbst mit eigenen Soldaten in das Kriegsgeschehen eingreifen. Oder (4) ein Abnutzungskrieg mündet in eine anhaltende Rivalität, einen Gewaltkonflikt mit geringer Gewaltintensivität (unter tausend kriegsbedingten Toten pro Jahr) oder in einen „eingefrorenen Konflikt". Vier Faktoren dürften die Eintrittswahrscheinlichkeit des einen oder anderen Szenarios bestimmen, nämlich (1) die Defensiv- und Offensivfähigkeit der Ukraine, (2) die militärischen Ressourcen und die Eskalationsbereitschaft Russlands, (3) die Interessen und Einigkeit der westlichen Partner (USA, Großbritannien, NATO und EU) und schließlich (4) Chinas Interessen und Verhalten gegenüber Russland.

Dass Russland und die Ukraine ihre Maximalziele erreichen, erscheint in der gegenwärtigen Lage eher unwahrscheinlich.

Nach dem 24. Februar 2022 und der Ausweitung des russischen Angriffskrieges herrschten zunächst drei Szenarien vor (mit einigen Variationen dann fünf): Russlands Sieg, ein Sieg der Ukraine oder ein Abnutzungskrieg. Mittlerweile hält der Stellungskrieg schon seit Sommer 2022 an und keine Konfliktpartei konnte mehr wesentliche Geländegewinne verzeichnen. Die Fähigkeit, mit starken Offensiven voranzukommen, scheint begrenzt und ist nur an eingegrenzten Frontabschnitten gegeben. Dies könnte sich, je nachdem, wieviel Rüstungsmaterial nachkommt, jederzeit ändern. Es ist unwahrscheinlich, dass Russland seine ursprünglich deklarierten Maximalziele erreicht, das „Regime in Kiew" zu stürzen und die Ukraine als souveränen Staat zu vernichten. Jene, die einen schnellen Sieg Russlands vorhersagten, haben sich getäuscht. Ebenso unwahrscheinlich ist, dass die Ukraine alle seit 2014 von Russland besetzten Gebiete zurückgewinnen kann. Voraussichtlich wird die Ukraine weder kapitulieren können noch sämtliche russischen Truppen von der Krim oder aus dem Donbas vertreiben.

Der Gefangenenaustausch ist der einzige Bereich, in dem Russland und die Ukraine immer mal wieder mit Verhandlungen zu einer Einigung kommen. (picture alliance / dpa / Tass / Sergei Karpukhin)

Dass Russland und die Ukraine ihre Maximalziele erreichen, erscheint in der gegenwärtigen Lage eher unwahrscheinlich. Dass westliche Staaten in den Krieg direkt militärisch eingreifen, ist ebenfalls nicht zu erwarten. Allerdings können eskalierende Ereignisse, die eine Internationalisierung und Ausweitung des Konflikts möglich machen – sogenannte wild cards – nicht gänzlich ausgeschlossen werden, selbst wenn das derzeit unwahrscheinlich erscheint. Dazu gehört ein russischer Einsatz von Atomwaffen in der Ukraine oder auch ein nicht beabsichtigter militärischer Zwischenfall jenseits der Grenzen der Ukraine, der zu einer Eskalation führen könnte. Eine andere Möglichkeit dieser Art wäre ein massiver russischer Angriff auf die kritische Infrastruktur im Westen, etwa gegen Unterseekabel oder die Stromversorgung, oder die Eröffnung einer zweiten Front, der die internationale Aufmerksamkeit von der Ukraine weglenken könnte. Der Krieg zwischen Israel und der Hamas um die Kontrolle des Gazastreifens seit dem 7. Oktober 2023 hat bereits diesen Effekt.

Minimalziele der Kriegsparteien

Was sind mutmaßlich die Minimalziele der Konfliktparteien vor diesem Hintergrund? Die Kremlführung betrachtet die Krim und die vier annektierten Gebiete als Teil russischen Staatsgebietes. Sie strebt danach, die „Landbrücke" zur Krim abzusichern und das Asowsche Meer als russisches Binnenmeer zu kontrollieren. Außerdem soll verhindert werden, dass die Ukraine Mitglied der NATO wird. Verhandelbar sind diese Punkte aus russischer Sicht nicht, sondern sollen militärisch verhindert werden.

Die zehn Forderungen, die der ukrainische Präsident Selenskyj als virtueller Teilnehmer vor dem G20-Gipfel Mitte November 2022 vorgetragen hat, legen die legitime ukrainische Ausgangsposition fest, stellen aber keinen Plan für den Frieden dar. So möchte die Ukraine zumindest den territorialen Status quo vor dem 24. Februar 2022 wiederherstellen, den Zugang zum Schwarzen Meer und zum Asowschen Meer bewahren, jegliche künftige Vetomacht Russlands über die ukrainische Innen- und Außenpolitik ausschließen und einen Zustand erreichen, der künftige russische Angriffe hinreichend abschreckt. Der Westen ist sich darin einig, dass die Ukraine als souveräner Staat überleben können muss. Außerdem soll unter allen Umständen vermieden werden, dass der Krieg sich auf weitere Staaten ausweitet oder es zu einem Atomkrieg mit Russland kommt.

Die militärische Konfrontation wird einstweilen anhalten, die Rivalität könnte sich noch mehrere Jahre hinziehen.

Lange galt auch, dass der Krieg nur auf ukrainischem, also nicht auf russischem Territorium stattfinden dürfe und ein langanhaltender Krieg vermieden werden sollte. Die beiden letztgenannten Positionen werden allerdings nicht mehr so rigoros vertreten, denn die Furcht davor, dass die russische Seite den Krieg noch weiter eskalieren könnte, ist seit Sommer 2022 wegen des stockenden russischen Vormarsches geschwunden. China ist sich mit dem Westen darin einig, dass ein

Atomkrieg und eine Ausweitung des Krieges auf Russland und auf weitere Staaten vermieden werden sollte und die Ukraine als souveräner Staat ein Bestandsrecht hat. Darüber hinaus ist ein langanhaltender Krieg nicht im chinesischen Interesse. Trotz der Rückendeckung für Putin aus Peking und der willkommenen Ablenkung vom Konflikt mit den USA über Taiwan gibt es relevante Schnittmengen zwischen den westlichen und chinesischen Interessen.

China könnte eine wichtige Vermittlerrolle in Verhandlungen zwischen Russland und der Ukraine spielen. (picture alliance / Associated Press / Sergei Guneyev)

Sollte der Krieg zu einem „eingefrorenen Konflikt" werden, bliebe dieser nur so lange stabil, wie keine Seite den Status quo einseitig militärisch revidieren kann. Ohne Regeln für den Modus Vivendi sind „eingefrorene Konflikte" eher ein Vorspiel für den nächsten Krieg. Die militärische Konfrontation wird einstweilen anhalten, die Rivalität könnte sich noch mehrere Jahre hinziehen. Die Ukraine wird die russische Verwundbarkeit beim Nachschub in den besetzten Teilen des Donbas und auf der Krim so lange erhöhen. Russland wird jedoch weiterhin Teile der Gebiete von Donezk, Lugansk, Cherson, und Saporischja kontrollieren, allerdings ohne wirksame Befriedung dieser Gebiete.

Die zentrale Frage bleibt, warum und wie Russlands Regime dazu gebracht werden könnte, seine Kriegsziele zu minimieren oder aufzugeben. In jedem Krieg gibt es einen Wendepunkt, einen „breaking point". Meist können ihn erst die Historiker im Rückblick ausmachen.

Die Grenzen für den Nachschub von Waffen und Munition, aber auch Konflikte in der russischen Elite könnten das Blatt in Russland wenden, sollte die öffentliche Stimmung eines Tages doch noch kippen oder „Realisten" den Weltanschauungstätern in der Kremlspitze Einhalt gebieten. Der Krieg ist schon heute nicht mehr populär in der Russischen Föderation. Der Rückhalt oder die billigende Hinnahme in der Bevölkerung könnten in Zukunft noch weiter schwinden.

Die Sanktionen des Westens dürften den Lebensstandard in Russland spürbar einschränken und zu einer Rezession führen, auch wenn sie auf vielfache Weise umgangen werden. Die Rivalitäten und Schuldzuweisungen zwischen den „Silowiki", das heißt den Machtministerien, nehmen zu. Auch die Spannungen zwischen dem Zentrum und den Regionen werden spürbarer. Gelegenheiten für einen politischen Wandel in Russland ergaben sich historisch nur infolge von Niederlagen. Eine Abkehr Chinas und jener postsowjetischen Staaten, mit denen Russland bisher enge Beziehungen pflegte, würde die Isolation des Landes verstärken.

Es gibt aber auch gewichtige Argumente, die dagegensprechen, dass sich die Elite spalten könnte: Der Krieg findet bisher nur auf ukrainischem Territorium statt. Die „Silowiki" sind Machtstützen und Profiteure des Regimes. Ihr ganzes Geschäftsmodell bräche mit dem Ende der Putin-Herrschaft in sich zusammen.

Die „Silowiki" haben viel zu verlieren und wirken bisher unsicher, ob es einen Moment geben könnte, zu dem sie sich von Putin absetzen sollten, weil sie nicht mit ihm untergehen wollen. Diese Unsicherheit lässt sie vermutlich eher abwarten. Putin wiederum ist in seiner Weltanschauung und den deklarierten Zielen gefangen. Sollte er sie preisgeben, käme es für ihn zu einem Legitimationsverlust. Zudem ist seine Risikobereitschaft hoch. Die umfassende innenpolitische Repression, die Lethargie und Opferbereitschaft weiter Teile der Bevölkerung verhindern bisher Widerstand von unten. Putin spekuliert zudem darauf, dass die politische Unterstützung des Westens für die Ukraine auf Dauer begrenzt sein könnte.

Die umfassende innenpolitische Repression, die Lethargie und Opferbereitschaft weiter Teile der russischen Bevölkerung verhindern bisher Widerstand von unten.

Aussicht auf Frieden?

Friedensabkommen, die nicht auf einem militärischen Sieg basieren, sind voraussetzungsreich: Die Gegner müssen erschöpft sein, Frieden muss mehr Sicherheit bieten als Krieg und die Lasten spürbar verringern. Schließlich spielen dritte Parteien meist eine entscheidende Rolle für Friedensabkommen, indem sie den Konfliktparteien drohen oder starke Anreize dafür anbieten, dass der Krieg zu Ende geht.

Ein Friedensabkommen müsste die Regelung künftiger Sicherheitsgarantien für die Ukraine klären, die Aufarbeitung der Kriegsverbrechen ebenso festschreiben wie das Recht auf Rückkehr, die Frage von Reparationen, den Status der Krim und der Separatistengebiete, den Wiederaufbau, die Grenze zwischen Russland und der Ukraine, die Art der Friedenssicherung mit internationaler Beteiligung an der künftigen „Kontaktlinie“ und die Bündniszugehörigkeit der Ukraine. Auf einen voraussetzungslosen Waffenstillstand ohne Sicherheitsgarantien dürften sich weder die Ukraine noch deren westliche Partner einlassen. Gleichwohl darf ein mögliches Kriegende nicht mit Erwartungen überfrachtet werden.

Als virtueller Teilnehmer stellt Präsident Wolodymyr Selenskyj vor dem G20-Gipfel im November 2022 neue Forderungen für Verhandlungen. (picture alliance / Zumapress / Ukraine Presidency)

Bevor es zu konkreten Verhandlungen kommt, dürfte viel Zeit damit vergehen, um die Ausgangspositionen zunächst zu klären. Schon das Format solcher Vorgespräche wird viel diplomatisches Geschick erfordern: Wer sollte beteiligt sein? Wem gebührt die Rolle des Agenda-Setzers, des Sherpas? Wer ist autorisiert zu sprechen? Wer könnte ein Spielverderber sein? Das alte Normandie-Format unter Beteiligung von Russland, der Ukraine, Deutschland und Frankreich lässt sich nicht wiederbeleben, denn Deutschland und Frankreich sind nun Partei.

Eine Vermittlerrolle könnten am ehesten China, die Türkei, Indien oder Brasilien spielen, wenn sie aktiv Lösungsvorschläge unterbreiten.

Eine Vermittlerrolle könnten am ehesten China, die Türkei, Indien oder Brasilien spielen, allerdings nur, wenn sie auch aktiv Lösungsvorschläge unterbreiten. Ob die USA einem der genannten Länder, vielleicht auch China, die Vermittlerrolle zugestehen würden, hängt von der Bereitschaft zum Interessenausgleich mit der Pekinger Führung ab. Solange in den USA die Rivalität mit China für wichtiger gehalten wird als der Konflikt mit Russland, dürften die USA eine aktive chinesische Rolle eher sabotieren.

Ein Ausblick

Ein Ende des Krieges in der Ukraine kann nicht von der tatsächlichen Mitgliedschaft des Landes in der EU und in der NATO abhängig gemacht werden, selbst wenn diese Mitgliedschaften längerfristig die einzige stabile Sicherheitsgarantie für die Ukraine sein werden. Zudem lässt sich der Ausgang des Krieges nicht mit der Erwartung eines Kollapses des Putin-Regimes verknüpfen. Die russischen Kriegsziele können nur infolge von Sicherheitsgarantien begrenzt werden, an denen China und die USA mitwirken. Die westlichen Unterstützer sollten deshalb schon jetzt zusammen mit der Ukraine realistische Vorstellungen von den Inhalten eines zukünftigen Friedensabkommens entwickeln.

Für solche Finalitätsvorstellungen bedarf es des politischen Rückhalts in der Ukraine und in Russland, das heißt Friedensallianzen. Extreme Nationalisten, die infolge des Krieges Oberhand gewonnen haben, müssten in ihrer Diskursmacht zurückgedrängt werden. In der Zwischenzeit könnte es bereits begrenzte Abmachungen geben. Ein Zwischenschritt könnte ein internationalisiertes Übergangsregime in jenen fünf Gebieten der Ukraine sein, die derzeit von Russland zumindest teilweise besetzt und kontrolliert werden. Nötig wäre in jedem Fall eine militärische Entzerrung der beiden Konfliktparteien.

Tamina Kutscher

Stell dir vor, es ist Krieg, und du willst nicht hin

Tamina Kutscher, geboren 1977 in München, beschäftigt sich seit mehr als 20 Jahren mit Medien und Gesellschaft in Mittel- und Osteuropa. Nach dem Volontariat an der katholischen Journalistenschule (ifp) studierte sie Slawistik und Geschichte in Regensburg, Berlin und in Kasan. Sie war Redakteurin beim Journalistennetzwerk n-ost, dann Chefredakteurin der Onlineplattform „dekoder – Russland und Belarus entschlüsseln". Die freie Journalistin ist heute Lehrbeauftragte der Hochschule Magdeburg-Stendal.

Wer im Ukraine-Krieg den Dienst an der Waffe verweigert, hat es auf beiden Seiten schwer. In Russland existiert das Recht auf Kriegsdienstverweigerung nur auf dem Papier. In der Ukraine ist es nach dem 24. Februar 2022 ausgesetzt worden. Aber auch in der EU und in Deutschland ist die Lage ungewiss.

Bürokratische Hürden

Danil kann sich noch genau an den 24. Februar 2022 erinnern: An dem Tag, als Russland den großflächigen Angriffskrieg gegen die Ukraine begann, war er in Deutschland. Im Januar war er mit dem Flugzeug aus St. Petersburg mit einem Touristenvisum eingereist, um Verwandte in Nordrhein-Westfalen zu besuchen. Später wird der 31-Jährige erzählen: „Mir war klar: Ich werde nicht zurückkehren." Er würde in Deutschland ein neues Leben beginnen. Dieser Krieg sollte nicht in seinem Namen stattfinden, und niemals würde er sich daran beteiligen. Danil hatte Militärdienst geleistet, wie fast alle in Russland. Es gibt so etwas wie Zivildienst nur auf dem Papier, in der Praxis ist er kaum durchzusetzen.

Danil ist als tauglich eingestuft und hatte Angst, irgendwann auch in diesem Krieg kämpfen zu müssen. Deshalb tat Danil zwei Dinge: Er nahm in Düsseldorf an einer Antikriegsdemonstration teil. Und er ging im März 2022 zum Bundesamt für Migration und Flüchtlinge (BAMF), um einen Antrag auf Asyl zu stellen. Drei Monate später entschied ein Gericht darüber: abgelehnt.

„Nicht beachtlich wahrscheinlich“, sagt Rudi Friedrich. Er ist Geschäftsführer des Offenbacher Vereins „Connection“, der sich seit 30 Jahren weltweit für Kriegsdienstverweigerer einsetzt. Er kennt das häufigste Argument deutscher Behörden. „Es muss ‚beachtlich wahrscheinlich‘ sein, dass der Antragsteller in der Ukraine in den Krieg ziehen muss.“ Aus Sicht der Richter ist die Wahrscheinlichkeit gering, weil mit den 300.000 mobilisierten Reservisten bisher nur ein kleiner Teil der insgesamt 20 Millionen Wehrfähigen eingezogen werde.

Genaue Zahlen gibt es nicht, doch „Connection“ schätzt, dass mehr als 250.000 Russen im wehrdienstfähigen Alter zwischen 18 und 60 Jahren Russland seit der Ausweitung des Angriffskrieges gegen die Ukraine verlassen haben.

Danil nahm sich einen Anwalt und legte Einspruch ein. Seitdem wartet er nun schon mehr als 16 Monate. Kurz nach der Teilmobilisierung in Russland im September 2022 meldeten sich nicht die deutschen, sondern die russischen Behörden und schickten an Danils russische Meldeadresse den Einberufungsbescheid. Das bedeutet, dass ihm bei einer Rückkehr nach Russland entweder die sofortige Einberufung an die Front oder eine Haftstrafe drohen. Für den in Deutschland laufenden Asylantrag ändert das bisher nichts.

Genaue Zahlen gibt es nicht, doch „Connection“ schätzt, dass mehr als 250.000 Russen im wehrdienstfähigen Alter zwischen 18 und 60 Jahren Russland seit der Ausweitung des Angriffskrieges gegen die Ukraine verlassen haben. Unter ihnen in einer ersten Welle viele Oppositionelle und Journalisten, die teilweise bereits humanitäres Asyl erhielten. Es folgte dann im Herbst 2022 eine größere Welle nach der sogenannten Teilmobilisierung von rund 300.000 Reservisten. Da schossen die Flugpreise in die Höhe, an Russlands Außengrenzen bildeten sich kilometerlange Schlangen. Nach Kasachstan oder Armenien können Russen mit einfachem Inlandspass einreisen, nach Georgien und in die Türkei immerhin ohne Visum. Doch die Situation dort ist oftmals für russische Migranten schwierig – und für Kriegsdienstverweigerer keinesfalls sicher. Der Verein „Act4Transformation“ berät russische Kriegsdienstverweigerer in der georgischen Hauptstadt Tbilissi und betont, dass der Arm des russischen Geheimdiensts sehr weit reiche. Im Dezember 2023 etwa hat „Act4Transformation“ auf den Fall eines russischen Kriegsdienstverweigerers in Armenien aufmerksam gemacht: Die russische Militärpolizei nahm ihn auf armenischem Staatsgebiet fest und lieferte ihn nach Russland aus, ohne die formal notwendige Zustimmung der armenischen Behörden überhaupt zu erfragen. So sind diese Länder mitunter auch nur die Zwischenstation für einen weiteren Transfer – auch in die EU.

Nur wenige Kriegsdienstverweigerer schaffen es jedoch bis in die EU. Für die Einreise benötigen russische Staatsbürger nicht nur ein Schengen-Visum, sondern auch einen Auslandsreisepass, den nur knapp ein Drittel aller Russen besitzen, wie das staatsnahe Meinungsforschungsinstituts WZIOM 2022 ermittelte. Bis August 2023 haben laut Eurostat gerade mal 11.835 russische Staatsbürger im wehrdienstpflichtigen Alter in der EU einen Asylantrag gestellt. Bisher gibt es keine einheitlichen europäischen Richtlinien, wie mit Kriegsdienstverweigerern aus Russland umzugehen sei. Die Mitgliedstaaten verfahren da unterschiedlich: Tschechien erklärte, dass es nicht bereit sei, russische Kriegsdienstverweigerer aufzunehmen. Die baltischen Staaten und auch Polen hatten schon vor der Mobilmachung beschlossen, keine russischen Staatsbürger mit einfachen Schengen-Visa mehr einreisen zu lassen, was auch mit Sicherheitsbedenken begründet wird.

Werbeplakat für die Fotoausstellung „Das Vaterland, das wir verteidigen" in St. Petersburg (picture alliance / Russian Look / Maksim Konstantinov)

In Deutschland dagegen erklärten Politiker unterschiedlicher Fraktionen, dass russische Kriegsdienstverweigerer willkommen seien. Bundeskanzler Olaf Scholz (SPD) versprach in der „Osnabrücker Zeitung", „diesen Menschen Schutz anzubieten". Justizminister Marco Buschmann (FDP) twitterte: „Wer Putins Weg hasst und die liberale Demokratie liebt, ist uns in Deutschland herzlich willkommen."

Die Praxis sieht allerdings anders aus: Rund 3.500 russische Deserteure und Kriegsdienstverweigerer haben seit Beginn des russischen Angriffskriegs gegen die Ukraine einen Asylantrag in Deutschland gestellt. Bis September 2023 haben nur 90 von ihnen einen Schutzstatus erhalten, also gerade mal 2,6 Prozent, wie aus einer Antwort des Bundesinnenministeriums auf eine parlamentarische Anfrage der Linken-Abgeordneten Clara Bünger hervorgeht. Allerdings werde die Zusage, Deserteuren Schutz zu gewähren, vom Bundesinnenministerium tatsächlich eingehalten, beobachtet „Connection". Dabei müsse die Desertion glaubhaft gemacht werden, und es werde außerdem geprüft, ob der Antragsteller möglicherweise an Kriegsverbrechen beteiligt war. Sei dies der Fall, werde der Antrag abgelehnt. Doch um Deserteure handle es sich nur in wenigen Fällen. Meistens gehe es um den Schutz für Russen wie Danil, die gar nicht erst in den Krieg ziehen wollen.

Ohnehin hatte das BAMF nur über knapp 1.500 der gestellten Anträge entschieden – rund 1.100 Fälle wurden zurückgewiesen. Denn das Dublin-III-Verfahren besagt, dass der Asylantrag in dem EU-Land gestellt werden muss, in das der Betroffene als erstes eingereist ist.

Die Anzahl strafrechtlicher Ermittlungen gegen Kriegsdienstverweigerer hat sich in Russland 2023 im Vergleich zum Vorjahr verdoppelt. Bei mehr als der Hälfte dieser Fälle wurden Bewährungsstrafen verhängt. Das macht es weiter möglich, die Verurteilten an die Front zu schicken.

„Connection" betreute auch Nikita R.: Der junge Russe arbeitete in Polen, als er seine Einberufung als Reservist zum russischen Militär erhielt. Nikita ging daraufhin nach Deutschland, um dort einen Asylantrag zu stellen. Warum? Wo es keine einheitlichen Richtlinien gibt, gibt es sehr wohl Erfahrungswerte: „Polen ist total unsicher, Kroatien auch. Und die baltischen Staaten sind auch sehr unsicher", zählt „Connection"-Geschäftsführer Friedrich auf. Auch Nikita hatte einen „Erfahrungswert": Ein russischer Freund hatte in Polen einen Asylantrag gestellt, der abgelehnt wurde. Er musste seiner Wehrpflicht in Russland nachkommen und ist im Krieg gefallen.

Die Anzahl strafrechtlicher Ermittlungen gegen Kriegsdienstverweigerer hat sich in Russland 2023 im Vergleich zum Vorjahr verdoppelt. Wie das unabhängige russische Onlineportal „Mediazona" schreibt, waren es allein in der ersten Jahreshälfte 2.076. Bei mehr als der Hälfte dieser Fälle wurden Bewährungsstrafen verhängt. Das macht es weiter möglich, die Verurteilten an die Front zu schicken.

Kirchenasyl als Überbrückung

Da Nikita R. aufgrund des Dublin-III-Verfahrens die Abschiebung nach Polen drohte, war er ein halbes Jahr im Kirchenasyl in einer evangelischen Gemeinde in Brandenburg. Nach diesem halben Jahr war er von Gesetzes wegen berechtigt, seinen Asylantrag in Deutschland zu stellen. Die Rückführung nach Polen drohte nun nicht mehr. „Das Kirchenasyl dient in diesen Fällen als Überbrückung, um die Abschiebung nach Dublin-III zu vermeiden", betont Georg Hörnschemeyer, Mitglied der AG Osteuropa von Pax Christi Deutschland. Auch die katholische Friedensorganisation setzt sich für Kriegsdienstverweigerer ein. Wie viele solcher Fälle von Kirchenasyl es gibt, kann er nicht beantworten. Offizielle Zahlen gibt es nicht. Nikita R. konnte das Kirchenasyl nach gut einem halben Jahr verlassen und zog zu seiner Mutter nach Berlin, wo er einen Asylantrag stellte. Ob mit Einberufungsbescheid oder ohne: Er gilt als „Wehrdienstentzieher", ein Recht auf Asyl gibt es für ihn auch in Deutschland nicht – das BAMF entscheidet über jeden Fall einzeln, und es ist völlig unklar, wie seiner bewertet wird.

„Einerseits wird gesagt, wir wollen sie unterstützen, andererseits werden sie total hängengelassen", kritisiert „Connection"-Geschäftsführer Friedrich den Umgang deutscher Behörden mit russischen Kriegsdienstverweigerern.

Diese Rechtsunsicherheit sei das Hauptproblem, so Hörnschemeyer. Eigentlich sollte es die Möglichkeit geben zu argumentieren, dass die russische Armee Kriegsverbrechen begeht und man sich deswegen weigere, an diesem Krieg teilzunehmen. Bei „Connection" kennen sie bislang nur einen Fall, in dem diese Argumentation berücksichtigt wurde und jemandem Asyl gewährt wurde. „Einerseits wird gesagt, wir wollen sie unterstützen, andererseits werden sie total hängengelassen", kritisiert Friedrich den Umgang deutscher Behörden mit russischen Kriegsdienstverweigerern. Zwar gebe es derzeit aus Deutschland keine Abschiebungen nach Russland, aber diese Praxis könne sich jederzeit ändern.

„Es gibt viele unterschiedliche Gründe, individuelle wie politische, den Kriegsdienst zu verweigern“, sagt Friedrich und betont, dass „Connection“ allen helfe und „keine Gesinnungsprüfung“ durchführe. Jeder Russe, der sich weigere zu kämpfen, mache es für Präsident Wladimir Putin schwerer, diesen Krieg weiterzuführen und helfe der Ukraine. Entscheidend für Organisationen wie „Pax Christi“ oder „Connection“ ist vor allem, dass Kriegsdienstverweigerung ein Menschenrecht sei, dass es zu schützen gelte.

Ausgesetztes Recht auf Kriegsdienstverweigerung

In der Ukraine ist durch das Kriegsrecht und den im März 2022 verabschiedeten Präsidialerlass „Über die allgemeine Mobilisierung“ das Recht auf Kriegsdienstverweigerung ausgesetzt worden. Männer im wehrfähigen Alter dürfen das Land nicht verlassen, es gibt nur wenige Ausnahmefälle. Das widerspricht nach Einschätzung von „Connection“ nicht nur der Europäischen Menschenrechtskonvention, sondern auch der ukrainischen Verfassung. Der gläubige Siebenten-Tags-Adventist Dmytro Zelinsky muss eine dreijährige Haftstrafe absitzen. Ein Gericht hatte ihn zunächst freigesprochen, nachdem er den Kriegsdienst aus Gewissensgründen verweigert hatte. Doch ein Berufungsgericht in Ternopil hob den Freispruch im August wieder auf.

Obwohl die Ukraine nach dem Verständnis vieler Bürger in diesem Krieg um ihre Existenz kämpft, ist nicht jeder davon überzeugt, dass er seinem Land an der Front am meisten helfen könne.

Auf solche Fälle macht in der Ukraine die Friedensorganisation „Ukrainian Pacifist Movement“ öffentlich aufmerksam. Sie listet insgesamt mehrere tausend Strafverfahren auf, bei denen Ukrainer wegen Kriegsdienstverweigerung und Desertion angeklagt wurden. Der Gründer Juri Scheljaschenko steht selbst stark unter Druck. Seine Arbeitsräume wurden von der Polizei durchsucht, bis Ende Januar steht er teilweise noch unter Hausarrest.

Es geht jedoch nicht nur um Pazifisten oder Gläubige, die den Dienst an der Waffe verweigern. Denn obwohl die Ukraine nach dem Verständnis vieler Bürger in diesem Krieg um ihre Existenz kämpft, ist nicht jeder davon überzeugt, dass er seinem Land an der Front am meisten helfen könne. Wer verweigert, kann nur versuchen, sich zu verstecken oder zu fliehen. So hinderte der ukrainische Grenzschutz nach eigenen Angaben in den ersten anderthalb Jahren nach der russischen Invasion mehr als 20.000 wehrpflichtige Männer an der Ausreise, vor allem über die Grenze nach Rumänien und Moldawien. Allein im Grenzfluss Theiß sollen mindestens 19 Männer beim Fluchtversuch ertrunken sein.

Der ukrainische Präsident Wolodymyr Selenskyj sprach im August 2023 von „systematischer Korruption bei der medizinischen Freistellung von Kriegsdienstverweigerern". Für die Befreiung vom Wehrdienst seien bis zu 13.700 Euro Schmiergeld gezahlt worden, so Selenskyj. Alle Leiter der Musterungsbehörden wurden durch Kriegsveteranen ersetzt und 112 Ermittlungsverfahren eingeleitet. In der Ukraine sorgte zuletzt ein Interview der Zeitschrift „Economist" mit dem ukrainischen Oberbefehlshaber Walerij Saluschnyj für heftige Debatten, denn er sprach von einer „Pattsituation" an der Front.

Während die militärische Lage für die Ukraine immer schwieriger wird, kommt es neuerdings auch zu kleineren Demonstrationen: So forderten in Kiew zahlreiche Ehefrauen von Soldaten, die seit bald zwei Jahren ununterbrochen an der Front sind, deren Einsatz zu verkürzen.

Präsident Wolodymyr Selenskyj sagte auf seiner Jahresendpressekonferenz im Dezember 2023, Militär und Regierung würden die „sehr heikle Frage der Mobilisierung" erörtern. Er sprach von 450.000 bis 500.000 zusätzlichen Soldaten, die benötigt würden. Kurz darauf sagte

Präsident Wolodymyr Selenskyj verleiht Medaillen an die 36. Marine Brigade in Donezk. (picture alliance / Zumapress / Pool – Ukrainian Presidentia)

Verteidigungsminister Umjerow, man werde auch in Deutschland lebende, wehrfähige Ukrainer einziehen. „Connection“ sagt dazu, dass für diesen Fall zunächst die Adressen der Ukrainer vorliegen müssten, was nicht immer der Fall sein dürfte.

Gleichzeitig häufen sich in den vergangenen Monaten Berichte über illegale Razzien in der Ukraine. Stern-Korrespondent Moritz Gathmann war im November in Transkarpatien, im Westen der Ukraine, als er Augenzeuge einer solcher Razzia wurde. Er zitiert einen Anwalt, der beklagt, dass sich die Situation seit Juli immer mehr zugespitzt habe. Auch die US-Zeitung „New York Times“ veröffentlichte Mitte Dezember 2023 einen Bericht über illegale Razzien in der gesamten Ukraine. Fast immer läuft es nach dem gleichen Muster ab: Junge Männer werden an öffentlichen Orten in Gewahrsam genommen, oftmals werden vorläufig die Handys abgenommen, die Männer werden medizinisch untersucht und mitunter danach direkt an die Front geschickt. Die öffentliche Debatte in der Ukraine ist auch durch das Kriegsrecht weitgehend gedeckelt, aber nach Einschätzung von Journalist Gathmann brodelt es in der Gesellschaft.

Staatlicher und moralischer Druck

Schon im Mai 2022 hatte Rechtsanwalt Olexandr Humirow in Odessa eine Petition gestartet, in der er forderte, das Ausreiseverbot für wehrdienstfähige Männer aufzuheben. Für die Mobilisierung sollten zunächst Freiwillige rekrutiert werden. Er sammelte innerhalb weniger Tage mehr als die 25.000 Unterschriften für die Petition ein, die nötig waren, damit Präsident Selenskyj dazu Stellung nehmen musste. Dieser berief sich in seiner Antwort vor allem auf das Kriegsrecht. Auf Facebook hat Humirow inzwischen alle Einträge gelöscht, auf Telegram warnte er vor einer weiteren Verschärfung der Mobilisierungsgesetze.

Schätzungen zufolge sind seit Februar 2022 mehr als 175.000 ukrainische Männer im wehrdienstpflichtigen Alter in die EU gekommen. Wie viele davon illegal eingereist sind, ist unklar.

Wer das Land illegal verlasse, stehe moralisch stark unter Druck, sagt die ukrainische Journalistin Anastasia Magazova, die für deutschsprachige Medien aus der Ukraine berichtet. „Die Argumentation ist, es geht um das Überleben unseres Landes. Da haben wir keine andere Wahl, da sind wir alle gefragt.“ Sie selbst kenne nur einen Kollegen, der von einer geschäftlichen Auslandsreise in die EU nicht mehr nach Hause zurückgekehrt sei. Er habe alle Kontakte zu Kollegen abgebrochen.

Wer es in die EU schafft, für den gilt, wie für alle ukrainischen Flüchtlinge, ein befristeter humanitärer Aufenthalt bis März 2025. Schätzungen zufolge sind seit Februar 2022 mehr als 175.000 ukrainische Männer im wehrdienstpflichtigen Alter in die EU gekommen. Wie viele davon illegal eingereist sind, ist unklar. Wie es für sie nach März 2025 weitergeht, ob sie in die Ukraine zurückgeschickt werden – auch das ist unklar. Selenskyjs Ankündigung vom Herbst 2023, Auslieferungsanträge an die EU zu stellen, hält „Connection“ vor allem für einen „Abschreckungsversuch“. De facto sei eine Auslieferung derzeit illegal und kaum durchzuführen. Es könne aber bedeuten, dass ukrainische Konsulate oder Botschaften womöglich Anweisungen erhielten, in solchen Fällen Pässe nicht mehr zu verlängern oder keine neuen mehr auszustellen, um Ukrainer auf diese Weise zur Rückreise zu zwingen.

Mitte Mai überreichte „Connection“ eine Petition mit rund 50.000 Unterschriften an die Vertretung der Europäischen Kommission in Berlin. Darin wird die EU so adressiert: „Fordern Sie die ukrainische Regierung auf, die Verfolgung von Kriegsdienstverweigerern einzustellen und ihnen ein umfassendes Recht auf Kriegsdienstverweigerung zu garantieren!“. Auch der Schutz und die Möglichkeit zum politischen Asyl für Deserteure und Verweigerer aus der Russischen Föderation wird darin gefordert. Geändert hat sich aber bisher nichts.

Präsident Wolodymyr Selenskyj an der Mauer des Gedenkens an gefallene ukrainische Soldaten in Kiew (picture alliance / Zumapress/ Pool – Ukrainian Presidentia)

„Dieser Krieg wird noch lange dauern und sehr blutig werden“, davon ist der Russe Danil überzeugt. Er besucht derzeit einen Sprachkurs, um Deutsch zu lernen. Im April steht die Prüfung an. Danach will Danil eine Ausbildung beginnen. So werde es wahrscheinlicher, dass er bleiben darf, hofft er.

Vedran Džihić

Brüchiger Frieden auf dem Balkan

Der Politikwissenschaftler Vedran Džihić, geboren 1976 im bosnischen Prijedor, kam 1993 als Flüchtling nach Österreich. 2009 promovierte er an der Universität Wien und ist heute als Wissenschaftler am Österreichischen Institut für Internationale Politik tätig sowie als Lektor an der Universität Wien und weiteren europäischen Universitäten. Zu seinen Forschungsschwerpunkten gehören Europäische Integration, Demokratisierungsprozesse, Zivilgesellschaft, Protestbewegungen und Nationalismus.

Bosnien und Herzegowina und der Kosovo sind jene zwei Staaten, in denen der Krieg in den 1990er Jahren am gewalttätigsten verlief. Nach dem Ende der gewaltsamen Auseinandersetzungen unternahm der Westen in beiden Staaten den ambitionierten Versuch der Nations- und Staatenbildung. Aber Frieden ist keinesfalls garantiert.

Westliche Versuche zur Befriedung

In den 1990er Jahren war die Phrase vom „Pulverfass Balkan“ in aller Munde. Der Begriff „Balkanisierung“ stand stellvertretend für chaotische Verhältnisse, den Verlust jeglicher Ordnung sowie für Hass und Gewalt. Mit dem Friedensabkommen von Dayton 1995 und der verabschiedeten Verfassung wurde dem Krieg in Bosnien und Herzegowina ein Ende gesetzt. Der drei Monate lange Krieg der NATO gegen das Serbien des damaligen Machthabers Slobodan Milošević beendete 1999 den Krieg im Kosovo. Die Resolution 1244 der Vereinten Nationen schuf die erste Grundlage für den Friedensprozess im Kosovo.

Die internationale Staatengemeinschaft unternahm den Versuch, einen Prozess der Nations- und Staatenbildung einzuleiten. Tausende zivile internationale Mitarbeiter und NATO-Soldaten sollten dabei helfen, die Balkanländer zu befrieden, zu stabilisieren und eine demokratische Entwicklung einzuleiten.

Das Rad hat sich längst gedreht, die Zeiten dieser ambitionierten Demokratisierungsversuche von außen sind längst passé. Wir leben in einem neuen Zeitalter der geopolitischen Verwerfungen und neuer Konflikte, einem Zeitalter, in dem die normative, aber auch faktische Macht des Westens – der USA und der EU – von immer mehr Staaten weltweit herausgefordert wird.

Verglichen mit dem Scheitern im Irak, Libyen und Afghanistan galten Bosnien und Herzegowina und der Kosovo lange als zumindest relative Erfolge westlicher Stabilisierung und Befriedung. Die Pendelbewegung ist aber auch in diesen beiden Gesellschaften längst umgeschlagen. Die ungeklärten Fragen der staatlichen Verfasstheit in Bosnien und Herzegowina und die tiefe politische Spaltung des Landes haben sich nicht verändert. Auch der teilweise mit Gewalt ausgetragene Konflikt zwischen Serbien und dem Kosovo zeigt, dass die Versuche von Friedenslösungen in diesen beiden Staaten bisher nicht gelungen sind. Das wirkt sich langfristig negativ auf die Stabilität und die innere Verfasstheit der beiden Staaten aus.

Bosnien und Herzegowina im permanenten Krisenzustand

Der Friedensvertrag von Dayton beendete zwar den Krieg, schuf aber einen geteilten und schlecht funktionierenden Staat, so lautet der Standardsatz in nahezu allen Analysen zu Bosnien-Herzegowina. Es wurde eine föderale Struktur mit zwei Entitäten geschaffen: die Föderation Bosnien und Herzegowina sowie die Republika Srpska. Es gibt seither eine Zentralregierung mit einem Präsidenten, einer Regierung und einem Parlament, wobei die Macht zwischen den verschiedenen ethnischen Gruppen aufgeteilt ist. Der sogenannte Hohe Repräsentant wacht für die internationale Gemeinschaft über die Einhaltung der Vereinbarungen, und es wurden internationale Truppen stationiert, um den Frieden militärisch abzusichern.

Man müsste wohl stärker in die Verfassung eingreifen, um die Blockademöglichkeiten entlang ethnischer Linien aus der Welt zu schaffen.

Der Kern des Problems liegt in der Verfassung des Landes, die ethnische Kriegslogik fortschreibt. Die zugleich im Dayton-Abkommen festgehaltene Absicht, die Gesamtstaatlichkeit beziehungsweise den multiethnischen und multikulturellen Charakter von Bosnien-Herzegowina zu schützen und zumindest in einzelnen Bereichen wiederherzustellen, erwies sich als unzureichend, um die enorme Dynamik der Ethnopolitik im Land zu konterkarieren.

Man müsste wohl stärker in die Verfassung eingreifen, um die Blockademöglichkeiten entlang ethnischer Linien aus der Welt zu schaffen. Rechtliche Versuche in diese Richtung gab es, wie die folgende Schilderung aus dem Sommer 2023 zeigt.

Ende August 2023 überstrahlte ein Thema all die anderen in Bosnien-Herzegowina – das neue Urteil des Europäischen Gerichtshofs für Menschenrechte in Straßburg. In diesem wohl historischen Richterspruch wurde der Klage von Slaven Kovačević Recht gegeben, einem Berater von Željko Komšić, der Mitglied des bosnischen Staatspräsidiums ist. Das Urteil kommt zum Schluss, dass die ethnische Zugehörigkeit, die seit Dayton das gesamte politische Leben im Staat dominiert, keinen Vorrang vor der politischen Repräsentation haben darf. Das bedeutet, dass das bisherige Wahlregime und damit wohl das gesamte Dayton-System grund- und menschenrechtswidrig sind. Mit Dayton konnte zwar der Krieg gestoppt werden, urteilte das Gericht, aber das danach geschaffene politische System verstärke die ethnischen Spaltungen im Staat und untergrabe den demokratischen Charakter von Wahlen.

In Anwesenheit der Politiker Felipe Gonzales (Spanien), Bill Clinton (USA), Jacques Chirac (Frankreich), Helmut Kohl (Deutschland) und Wiktor Tschernomyrdin (Russische Föderation) unterzeichneten Slobodan Milošević (Serbien), Franjo Tudjman (Kroatien) und Alija Izetbegović (Bosnien) das Friedensabkommen von Dayton am 14. Dezember 1995. (picture alliance / Associated Press / Michel Gangne)

Der Europäische Gerichtshof für Menschenrechte ist damit auf einer Linie mit vorherigen Richtersprüchen wie dem berühmten Sejdic-Finci-Urteil aus dem Jahr 2009. Darin wurde bereits damals festgehalten, dass die Verfassung menschenrechtswidrig ist und geändert werden muss. Bis heute wurden diese Urteile aber nicht umgesetzt. Die ethnonationalistischen Parteien und ihre Klientel verhindern dies bislang erfolgreich.

Die Debatte rund um das Urteil bringt die strukturell verfahrene Situation in Bosnien-Herzegowina auf den Punkt: Der Staat funktioniert kaum und wird von politischen Konflikten zersetzt. Der Westen ist ideen- und rezeptlos und die Menschen im Land immer frustrierter und verzweifelter. In einer Meinungsumfrage des US-amerikanischen International Republican Institute gaben 87 Prozent der bosnischen Bevölkerung an, dass sich das Land in die falsche Richtung bewege.

Lange Zeit galt die europäische Integration mit einem schrittweisen Reformweg Richtung EU-Vollmitgliedschaft als Ziel. Doch die konkreten Erfahrungen mit zwei Jahrzehnten EU-Integration sind enttäuschend. Bosnien und Herzegowina ist schon viel zu lange im Wartezimmer der EU. Der russische Aggressionskrieg und der Kandidatenstatus für die Ukraine brachten für Bosnien-Herzegowina zumindest einen formalen Fortschritt mit sich. Dem Land wurde im Dezember 2022 der EU-Kandidatenstatus verliehen, auf den Beginn der Verhandlungen wartet es aber weiterhin.

Bosnien-Herzegowina wurde im Dezember 2022 der EU-Kandidatenstatus verliehen, auf den Beginn der Verhandlungen wartet es aber weiterhin.

Hinzu kommt noch der mit aller Heftigkeit ausgetragene Konflikt zwischen dem nationalistischen Präsidenten der Republika Srpska, Milorad Dodik, und den bosniakischen politischen Kräften.

Die bosnische Bevölkerung ist insgesamt recht apathisch bis pragmatisch, viele entscheiden sich, ihre Heimat zu verlassen und wandern in die EU aus. Sie lassen ein Land zurück, das seiner Möglichkeiten beraubt wird. Die Zahlen sind ernüchternd: Die Bevölkerungszahl, die vor dem Krieg 4,4 Millionen betrug, wird heute auf etwas über 2,5 Millionen geschätzt.

Damit das Land aufatmen kann und aus dem Würgegriff der Ethnopolitik befreit wird, bräuchte es mutige Verfassungsänderungen, um es funktionaler, bürgerorientierter und damit EU-fähiger zu machen. Ohne eine grundsätzliche Veränderung des Dayton-Rahmens wird sich die politische Apathie im Land fortsetzen. All jene, die die Chance dazu bekommen, werden das Land verlassen.

Die Eskalationsspirale im Kosovo

Der Kosovo-Krieg, der im Februar 1998 eskalierte und sich zu einem Bürgerkrieg zwischen serbischen Truppen und Paramilitärs auf der einen sowie der albanischen „Befreiungsarmee Kosovo“ UÇK auf der anderen Seite ausweitete, wurde 1999 durch ein völkerrechtlich umstrittenes Eingreifen von NATO-Truppen mit Luftangriffen gegen Jugoslawien beendet. Die westliche Militärallianz reagierte auf die massive Gewalt und ethnischen Säuberungen, die gegen die ethnisch-albanische Bevölkerung im Kosovo verübt wurden. Sie wollte die Zivilbevölkerung schützen und eine humanitäre Katastrophe verhindern. Um den Frieden abzusichern, wurde mit UN-Mandat eine NATO-Truppe im Kosovo stationiert. Auf die mühsamen Jahre der Nachkriegsentwicklung und des von der UN geleiteten Prozesses der Nationenbildung nach Kriegsende folgte ab der einseitigen Ausrufung der Unabhängigkeit im Jahr 2008 ein schrittweiser Staatswerdungsprozess. Serbien bekämpft seitdem unverändert die kosovarische Unabhängigkeit und hat de facto die Hausmacht im serbisch besiedelten Norden des Kosovo.

Als im Sommer 2022 die Regierung in Pristina neue Maßnahmen umsetzen wollte, um die Vergabe von Autokennzeichen und den Personenverkehr zwischen Serbien und dem Kosovo neu zu regeln, eskalierte die Situation schnell. Belgrad deutete die Maßnahme als Provokation, drohte mit Krieg und mobilisierte die Armee. Im Dezember drehte sich die Eskalationsspirale weiter, es kam zu Straßenblockaden, und es fielen Schüsse, die auch außerhalb der Region wieder daran erinnerten, wie schnell dieser Konflikt eskalieren und die Sicherheit in Europa gefährden kann.

Der Westen drängte Anfang 2023 beide Seiten an den Verhandlungstisch, um einen großen Wurf zu versuchen – eine langfristige Entschärfung des Konflikts und eine substantielle und pragmatische Lösung, mit der sowohl Belgrad als auch Pristina leben können. Die Verhandlungs-

Auch ein Vierteljahrhundert nach Kriegsende ist eine echte Lösung für den Konflikt zwischen Serbien und dem Kosovo weit entfernt. (picture alliance / Anadolu / Eren Beksac)

grundlage wurde der „deutsch-französische Vorschlag", der nach dem Vorbild des deutsch-deutschen Grundlagenvertrags eine vermeintliche Zauberformel postulierte. Beide Staaten sollen sich zwar nicht anerkennen, aber auch nicht in ihrer Entwicklung behindern. Serbien sollte die kosovarische Unabhängigkeit nicht mehr blockieren, der Kosovo im Gegenzug der serbischen Minderheit breite Autonomie im Rahmen des sogenannten serbischen Gemeindeverbandes einräumen. Die Möglichkeit einer Normalisierung der Beziehungen zeichnete sich ab.

Serbiens Präsident Aleksandar Vučić und sein Gegenspieler, der kosovarische Premierminister Albin Kurti trafen sich unter EU-Vermittlung zu zwei harten Verhandlungsrunden im Februar und im März 2023. An deren Ende präsentierte der EU-Außenbeauftragte Josep Borrell am 19. März im nordmazedonischen Ohrid die Vereinbarung zur Normalisierung der Beziehungen. Die Wochen nach dem vermeintlichen Durchbruch verwandelten sich aber unverhofft rasch in einen Alptraum. Das Misstrauen und die Spannungen stiegen von Tag zu Tag an. Die kosovarische Seite entschied sich mit Billigung des Westens, die längst fälligen Gemeindewahlen in vier mehrheitlich serbisch dominierten Gemeinden durchzuführen.

Unwirksame Vereinbarung

Der kosovarische Premierminister Albin Kurti ernannte Ende Mai vier albanische Bürgermeister mit Hilfe der kosovarischen Spezialpolizei, obwohl diese aufgrund eines serbischen Wahlboykotts nur mit einer zu geringen Stimmenzahl gewählt wurden. Beim Gemeindeamt im Dorf Zvecan trieb die kosovarische Polizei serbische Demonstranten auseinander, sie setzte Tränengas und Blendgranaten ein. Gewalttätige serbische Protestteilnehmer steckten mehrere Autos in Brand, darunter auch ein Polizeiauto. Am 29. Mai attackierten dann die gut organisierten serbischen Protestierenden die NATO-Soldaten mit Blendgranaten und Steinen und verletzten 30 KFOR-Soldaten zum Teil schwer. Vučić versetzte sofort das serbische Militär in erhöhte Alarmbereitschaft und ließ unter dem Applaus aus Moskau serbische Soldaten an die Grenze zum Kosovo verlegen. Die Vereinbarung von Ohrid löste sich im Lärm der Granaten und im Nebel des Tränengases in Luft auf. Die Verhandlungsführer in den USA und der EU waren ratlos. Sie mussten aber dennoch den nächsten Schritt machen und entschieden sich für den falschen. Sie erhöhten vor allem den Druck auf den kosovarischen Premierminister Albin Kurti.

Im Juni führte man dann zusätzlich Maßnahmen gegen den Kosovo ein, die auch zum Jahreswechsel 2023 noch in Kraft waren.

Am 24. September 2023 eskalierte die Situation neuerlich. In den frühen Morgenstunden errichteten die schwer bewaffneten serbischen Paramilitärs in der Ortschaft Zvecan im Norden des Kosovo, genauer gesagt in der Nähe des serbisch-orthodoxen Klosters Banjska, Straßenbarrikaden. Die kosovarische Polizei rückte an, die serbischen Paramilitärs eröffneten das Feuer, töteten einen kosovarischen Polizisten und verwundeten einen weiteren. In den Tagen danach wurde das Ausmaß dieses Angriffs klar: Das enorme Waffenarsenal, das beschlagnahmt wurde und aus Serbien stammt, deutete auf ein massives militärisches Vorhaben hin. Der Anführer des Trupps war Milan Radojcic, der starke Mann im Norden des Kosovo und ein enger politischer Gefährte des serbischen Präsidenten.

Auch ein Vierteljahrhundert nach Kriegsende ist eine echte Lösung für den Konflikt zwischen Serbien und dem Kosovo weit entfernt.

Wenige Tage nach dem Angriff schrillten die Alarmglocken in den westlichen Hauptstädten erneut. Berichte über massive Aufstellung der serbischen Armee an der unmittelbaren Grenze zum Kosovo inklusive offensiver Waffen und Panzereinheiten führten zu eindeutigen Reaktionen aus dem Weißen Haus, dem US-Außenministerium, dem Auswärtigen Amt in Berlin und in anderen Hauptstädten. Vučić möge sofort seine Truppen zurückziehen.

Dies zeigt: Auch ein Vierteljahrhundert nach Kriegsende ist eine echte Lösung für den Konflikt zwischen Serbien und dem Kosovo weit entfernt. In den letzten Tagen des September 2023 schrammten der Kosovo und die Region wohl nur knapp an einem größeren bewaffneten Konflikt vorbei. Die Gefahr einer weiteren Eskalation ist nicht gebannt. Die zentrale Frage lautet deshalb, ob der Westen bereit sein wird, seine bisherige Strategie der Nachgiebigkeit gegenüber Serbien und dem autoritär agierenden serbischen Präsidenten Vučić zu überdenken und eine radikale Wende in der Balkan- und Serbien-Politik einzuleiten.

Vieles deutet darauf hin, dass jene Faktoren und Kräfte, die die Kriege der 1990er Jahre entfacht haben, weiterhin ihre Wirkungsmacht entfalten können. Die Ethnopolitik in Bosnien und Herzegowina ist ein „Krisen-Perpetuum-Mobile" par excellence. Offene Attacken auf die Souveränität und territoriale Integrität des Kosovo durch das Vučić-Regime in Serbien verweisen darauf, dass es ohne eine gegenseitige Anerkennung der beiden Staaten keine nachhaltige Befriedung geben wird. Der Weg dorthin ist allerdings weiter denn je.

Silvia Stöber

Was vom Konflikt um Bergkarabach zwischen Armenien und Aserbaidschan bleibt

Die Journalistin Silvia Stöber, geboren 1973 in Thüringen, arbeitet als Reporterin und Redakteurin im Ressort Investigativ bei tagesschau.de. Seit mehr als 17 Jahren berichtet sie für verschiedene Medien über die Entwicklungen im postsowjetischen Raum und besonders im Südkaukasus, den sie regelmäßig bereist. 2023 erschien ihr Buch „Mord im Tiergarten – Putins Staatsterror in Europa".

Im September 2023 hat Aserbaidschan die Region Bergkarabach endgültig zurückerobert. Die armenische Bevölkerung floh bis auf wenige Einwohner. Auch wenn dieser Konflikt damit zunächst beigelegt scheint, ist ein Friede zwischen Armenien und Aserbaidschan keineswegs sicher.

Die Flucht der Armenier

Eine endlose Karawane aus Pkws, Bussen, Lastwagen, Traktoren und Mähdreschern zog sich im Herbst 2023 durch die bergige Landschaft an der Grenze zwischen den Kaukasusländern Armenien und Aserbaidschan. Auf den Dächern und Ladeflächen der Fahrzeuge waren Decken, Kleidung und Hausrat verstaut, hier eine Stehlampe, dort ein riesiger Flachbildschirm oder auch ein Fitnessgerät – was die Menschen eben noch greifen konnten, bevor sie in Todesangst vor den aserbaidschanischen Streitkräften ihre Wohnungen und Häuser in der Region Bergkarabach hinter sich ließen.

Jede Stunde schafften es etwa 1.000 Armenier über die einzige Verbindungsstraße aus Aserbaidschan heraus. Bis zum letzten Septemberwochenende gelangten schätzungsweise mehr als 100.000 Menschen über die Grenze ins Nachbarland. Wenige Dutzend Kranke und Alte blieben zurück. Zurück blieb auch, was die mehr als 30 Jahre de facto existierende Republik Bergkarabach symbolisiert hatte – die Hauptstadt Stepanakert mit einem Präsidentenpalast und einem Parlamentsgebäude, wo noch Anfang September ein neuer Präsident gewählt worden war.

Keine vier Wochen nach dem Exodus der Armenier ließ sich Aserbaidschans Präsident Ilham Alijew dabei filmen, wie er das menschenleere Stepanakert besuchte. In Flecktarn und Militärstiefeln gekleidet lief er demonstrativ im Präsidentenpalast über die Flagge von Bergkarabach, die seine Bediensteten am Boden ausgelegt hatten. Auf seiner Tour durch das verlassene Bergkarabach, das völkerrechtlich zu Aserbaidschan gehört, ließ er allerorts aserbaidschanische Flaggen hissen, die er niederkniend küsste. Alijew vollendete, was er bereits seit seiner Amtsübernahme im Jahr 2003 als Ziel ausgegeben hatte: die Rückeroberung Bergkarabachs und sieben umliegender Gebiete, die die Armenier in einem ersten Krieg zu Beginn der 1990er Jahre eingenommen hatten. Damals vertrieben sie Hunderttausende Bewohner. Diese schmerzhafte und demütigende Niederlage von damals auszugleichen, war identitätsstiftend für Aserbaidschan. Die frühere Sowjetrepublik erlangte ebenso wie das verfeindete Nachbarland Armenien 1991 seine Unabhängigkeit.

Die Möglichkeit der unbegrenzten Wiederwahl hatte sich Präsident Alijew bereits 2009 in einem umstrittenen Referendum gesichert.

Damit tritt Alijew auch aus dem Schatten seines Vaters Heydar Alijew, der 1967 als Chef des sowjetischen Geheimdienstes KGB in Aserbaidschan an die Spitze des Machtapparates in Baku gelangt war und zu Sowjetzeiten sowie nach der Unabhängigkeit regierte. Der Sohn will nun die Macht des Familienclans weiter zementieren, solange die Siegesstimmung im Land anhält. Für den 7. Februar 2024 hat er eine Präsidentenwahl ausgerufen, ein Jahr vor dem Auslaufen seiner siebenjährigen Amtszeit. Die Möglichkeit der unbegrenzten Wiederwahl hatte sich Alijew bereits 2009 in einem umstrittenen Referendum gesichert.

Armenien als geostrategisches Spannungsfeld

Das Ende für die Armenier in Bergkarabach hatte sich seit dem zweiten Krieg um die Region im Herbst 2020 bereits abgezeichnet. Innerhalb von 44 Tagen war es damals den aserbaidschanischen Streitkräften gelungen, die sieben Regionen um Bergkarabach sowie Teile des armenisch bewohnten Gebiets einzunehmen. Damals verhinderte Russland noch, dass die armenische Bevölkerung vertrieben wurde und Aserbaidschan das ganze Gebiet eroberte. Die russische Regierung setzte als Vermittler eine Waffenstillstandsvereinbarung durch und stationierte eine russische „Friedenstruppe“ in Bergkarabach.

Gegen eine solche militärische Präsenz Russlands hatten sich beide Konfliktparteien zuvor jahrelang gewehrt. Ihrer vorgeblichen Aufgabe als Schutztruppe für die Armenier kamen die russischen Soldaten dann auch kaum nach. Angriffe der aserbaidschanischen Truppen ließen sie geschehen, ebenso eine Blockade Bergkarabachs im Dezember 2022. Sie begann mit einer Straßensperre im Latschin-Korridor, der einzigen Verbindung zwischen Bergkarabach und Armenien. Zunächst blockierten aserbaidschanische Öko-Aktivisten die Straße, bezahlt von der Regierung in Baku.

Im April 2023 errichteten aserbaidschanische Grenztruppen einen Kontrollpunkt am Grenzübergang zu Armenien und ließen immer weniger Fahrzeuge passieren. Schließlich verwehrten sie auch Fahrzeugen des Internationalen Roten Kreuzes und der russischen Truppen die Durchfahrt. Den Armeniern in Bergkarabach gingen Lebensmittel, Medikamente und andere Industrieprodukte aus. Es gab kein Gas und keinen Strom. Schwerkranke konnten nicht behandelt werden.

Zehntausende Menschen fliehen nach der aserbaidschanischen Militäroffensive im September 2023 aus Bergkarabach. (Imago / Funke Foto Services)

Die Regierung des armenischen Ministerpräsidenten Nikol Paschinjan in Jerewan war ohne Handhabe, nachdem ihre Streitkräfte 2020 geschlagen worden waren. Dass Paschinjan dem Druck der Opposition nicht nachgab und ein absehbar aussichtsloses militärisches Eingreifen verweigerte, lag auch daran, dass er befürchtete, Alijew könnte dies als Vorwand nutzen, um einen Großangriff auf Armenien zu starten. Im Frühjahr 2021 drangen seine Truppen erstmals auf armenisches Territorium vor und nahmen strategisch bedeutsame Höhen ein.

Im September 2022 ließ Alijew das Nachbarland massiv angreifen. Internationaler Druck hielt ihn von einem weiteren Vormarsch ab. Das Ziel war offenbar ein Korridor mitten durch armenisches Gebiet, um eine Verbindung zur aserbaidschanischen Exklave Nachitschewan herzustellen.

Einer Straße und der Wiederherstellung einer Eisenbahnverbindung über armenisches Territorium hatte Paschinjan in der Waffenstillstandsvereinbarung von 2020 zustimmen müssen. Seither hatten beide Länder darüber gestritten, wie die Verbindungen verlaufen und vor allem, wer sie kontrollieren soll. Komplex und gefährlich wird diese Frage auch dadurch, dass der südliche Nachbar Iran, die Türkei als Verbündeter Aserbaidschans und Russland ihre strategischen Interessen berührt sehen.

Da Aserbaidschan einer Präsenz der EU-Beobachtungsmission auf seinem Territorium nicht zugestimmt hatte, blieb den Beobachtern beim Exodus der armenischen Bevölkerung aus Bergkarabach nur, als „Augen und Ohren" der EU von armenischer Seite aus alles zu protokollieren.

Aus Sorge vor einer möglicher Ausweitung des Konflikts verstärkten die USA und die EU ihren Druck und die Bemühungen, Armenien und Aserbaidschan zu Gesprächen zusammenzubringen. Innerhalb weniger Wochen stellte die EU eine Beobachtungsmission auf die Beine, die sie auf Einladung der Regierung in Jerewan in das armenische Grenzgebiet zu Aserbaidschan entsandte. Seither kam es dort zwar zu weiteren Schusswechseln, nicht aber zu einem weiteren Großangriff Aserbaidschans. Ende 2023 stimmten die EU-Staaten zu, die unbewaffnete Mission von 138 auf 209 Mitarbeiter zu vergrößern. Deutschland stellt mit dem Polizisten Markus Ritter den Chef und die meisten Beobachter.

Da Aserbaidschan einer Präsenz der Mission auf seinem Territorium nicht zugestimmt hatte, blieb den Beobachtern beim Exodus der armenischen Bevölkerung aus Bergkarabach nur, als „Augen und Ohren" der EU von armenischer Seite aus alles zu protokollieren.

Drohungen und leere Versprechungen

Bevor Alijew am 19. September 2023 den Befehl für die „Antiterroroperation" gegen die „armenischen Separatisten" in Bergkarabach gab, hatte er Experten zufolge US-Außenminister Antony Blinken und EU-Ratspräsident Charles Michel versprochen, nicht militärisch vorzugehen. Hinzu kommt, dass Aserbaidschan die aggressive Rhetorik gegen Armenien fortsetzt. Mal werden Forderungen nach Rückgabe aserbaidschanischer Dörfer auf armenischem Gebiet erhoben, mal die Rückkehr aserbaidschanischer Vertriebener nach „West-Aserbaidschan" angekündigt, wie ein großer Teil Armeniens seit einiger Zeit in Aserbaidschan auch genannt wird. Seither wächst in Washington und in europäischen Hauptstädten die Bereitschaft, mit Sanktionen gegen Baku vorzugehen.

Außerdem sagte Alijew mehrere unter Vermittlung der EU und der US-Regierung vereinbarte Treffen mit der armenischen Seite ab. Außenminister Jeyhun Bayramov bereitete Bundesaußenministerin Annalena Baerbock Anfang November 2023 einen alles andere als herzlichen Empfang in Baku und belehrte sie bei einer Pressekonferenz.

Konflikt um die Region Berg-Karabach

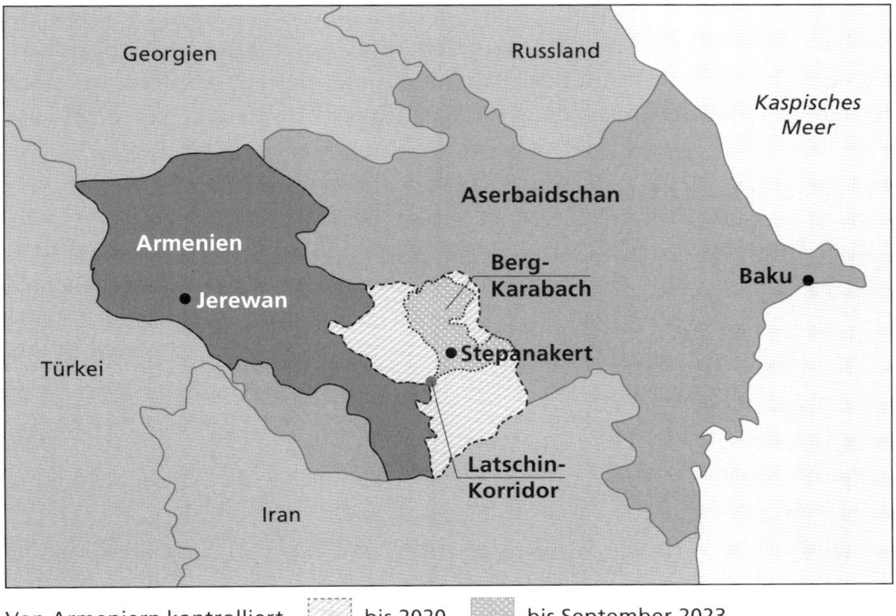

Von Armeniern kontrolliert [schraffiert] bis 2020 [gepunktet] bis September 2023

Abzuwarten bleibt, ob Aserbaidschan Drohungen umsetzt oder sie nur nutzt, um Armenien in den laufenden Verhandlungen zur Normalisierung der Beziehungen zu Zugeständnissen zu zwingen. Beobachter gehen davon aus, dass Alijew außenpolitische Entscheidungen weitgehend allein trifft. Experten in Armenien erkennen an, dass er wie ein strategisch gewiefter Schachspieler vorgeht und mit kleineren militärischen Aktionen die Aufmerksamkeit internationaler Akteure testet, bevor er den nächstgrößeren Schritt geht.

Auch weiß Alijew die Interessen und Rivalitäten anderer Staaten für sich zu nutzen. Auf diese Weise gelang ihm in den vergangenen Jahren die Aufrüstung seiner Streitkräfte. Die Türkei ist nicht nur enger Verbündeter Aserbaidschans. Recep Tayyip Erdogan verfolgt auch das Ziel einer infrastrukturellen und sicherheitsstrategischen Achse in Richtung Osten bis tief nach Pakistan – mit dem Südkaukasus als wichtigem Teilstück. Israel hat in Aserbaidschan einen Kooperationspartner gegen Iran im Süden und einen wichtigen Öl-Lieferanten. Die Türkei und Israel trugen erheblich dazu bei, das aserbaidschanische Militär zu modernisieren.

Daneben blieb Russland bis 2020 der größte Waffenlieferant Aserbaidschans. Diese Unterstützung erweist sich für Präsident Wladimir Putin als nützlich, seit der Westen wegen des Angriffskrieges in der Ukraine Sanktionen verhängt hat. Nur zwei Tage vor dem 24. Februar 2022 hatte Putin den aserbaidschanischen Präsidenten nach Moskau einbestellt, um eine strategische Partnerschaft zu vereinbaren. Nun arbeitet Russland am Ausbau seiner Verbindungen über Aserbaidschan in den Iran und nach Indien, um die gekappten Verbindungen Richtung Westen zu ersetzen.

Von der Schutzmacht verlassen

Putins Umgang mit Armenien ist ein Paradebeispiel für dessen unerbittliche Interessenpolitik zum eigenen Vorteil. Im Konflikt um Bergkarabach strebte Russland mit dem militärischen Erstarken Aserbaidschans vor Augen eine Stabilisierung der Region an. Wie andere Staaten bevorzugte die Kremlführung in den seit Jahrzehnten erfolglos laufenden Verhandlungen eine Autonomie für die Armenier in Bergkarabach innerhalb des Staates Aserbaidschan. Armenien lehnte dies einerseits aus Misstrauen ab. Andererseits fühlten sich die Armenier in Bergkarabach bis 2020 so stark, dass sie einen alleinigen Anspruch auf die Region ohne Rückkehr der Vertriebenen erhoben. Das manifestierte sich 2017 darin,

Ministerpräsident Nikol Paschinjan glaubte, sich mit einer harten Haltung gegenüber Aserbaidschan profilieren zu müssen.

dass sie eine unabhängige Republik Arzach ausriefen – mit dem alten armenischen Namen.

Dabei hätten die Armenier bereits ein Jahr zuvor die eigene militärische Schwäche erkennen können. 2016 griff Aserbaidschan das Gebiet ein erstes Mal mit modernem Militärgerät an, darunter Drohnen, und nahm ein Stück Territorium ein. Dies war ein Grund, warum die Bevölkerung in Armenien zwei Jahre später die Regierung in Jerewan bei einer friedlichen Revolution stürzte und Nikol Paschinjan zum Ministerpräsidenten wählte.

Anders als seine beiden Vorgänger an der Staatsspitze stammt Paschinjan nicht aus Bergkarabach. Er glaubte, sich deshalb mit einer harten Haltung gegenüber Aserbaidschan profilieren zu müssen. Zugleich ging er aber auf Putin zu, traf sich schon vor seiner Wahl mit dem russischen Botschafter in Jerewan und reiste mehrfach zu Putin. Dennoch ließ der russische Präsident Aserbaidschan im Krieg 2020 und auch danach weitgehend gewähren, statt den vertraglichen Vereinbarungen mit dem Verbündeten Armenien nachzukommen.

Nach dem Exodus steht Armenien mit seinen drei Millionen Einwohnern nun vor der Herausforderung, die mehr als 100.000 Bergkarabach-Armenier zu integrieren.

Ohne Schutzmacht und militärisch geschwächt war Paschinjan klar, dass Bergkarabach nicht zu halten war. Deshalb konzentrierte er sich nach 2020 auf den Schutz Armeniens. Er erklärte, sein Land erkenne die territoriale Integrität Aserbaidschans einschließlich Bergkarabachs an – im Gegenzug dafür sollte die Führung in Baku die Grenzen Armeniens anerkennen.

Nach dem Exodus steht Armenien mit seinen drei Millionen Einwohnern nun vor der Herausforderung, die mehr als 100.000 Bergkarabach-Armenier zu integrieren. Deren Führung will als Exilregierung bestehen bleiben und zusammen mit der armenischen Opposition sowie dem nationalistisch ausgerichteten Teil der Diaspora noch mehr Druck auf Paschinjan ausüben.

Neben einer militärischen Stärkung Armeniens zum Schutz vor Aserbaidschan versucht die Regierung weiter, die Beziehungen zum Nachbarn zu normalisieren. Am 13. Dezember 2023 tauschten beide Seiten an der Grenze Gefangene aus – erstmals ohne Vermittler. Armenien verzichtete zugunsten Aserbaidschans darauf, die nächste UN-Klimakonferenz auszurichten, die nun im November 2024 in Baku stattfinden soll. So erscheint auch ein Friedensabkommen noch möglich. Doch Stabilität und Frieden wird es nicht geben, so lange sich Aserbaidschaner und Armenier nicht vorstellen können, wieder gemeinsam zu leben.

Alexandra Sitenko

Zentralasien in der globalen Sicherheitsarchitektur

Dr. Alexandra Sitenko, geboren 1986 in Almaty (Kasachstan), promovierte an der Universität Leipzig in Global Studies. 2015-2022 war sie bei der Heinrich-Böll-Stiftung in Berlin tätig. Aktuell arbeitet sie als politische Analystin und ist Kuratorin beim Online-Medium "te.ma". Sie beschäftigt sich mit Fragen der globalen Friedens- und Sicherheitsordnung, darunter der Geopolitik in Zentralasien und den Beziehungen zwischen Russland und Lateinamerika.

Lange galt Zentralasien als möglicher Unruheherd der Zukunft. Doch die Regierungen der fünf Länder haben in den vergangenen Jahren einiges dafür getan, Konflikte beizulegen und die Stabilität in der Region zu wahren. Die Bedeutung für die EU wächst.

Neues Interesse an Zentralasien

Seit dem russischen Überfall auf die Ukraine werden werden in der EU die politischen, wirtschaftlichen und geografischen Prioritäten strategisch überdacht, um den neuen Herausforderungen gerecht zu werden. Das führt auch zu einem gesteigerten Interesse an Zentralasien und damit an den Staaten Kasachstan, Kirgistan, Tadschikistan, Turkmenistan und Usbekistan. Diese Tendenz lässt sich an zahlreichen Besuchen europäischer Politiker in der Region sowie multilateralen Treffen ablesen. So besuchte der Präsident des Europäischen Rates Charles Michel Zentralasien im Oktober 2022, gefolgt von Bundesaußenministerin Annalena Baerbock und EU-Chefdiplomat Josep Borrell im November 2022 mit Schwerpunkt Kasachstan und Usbekistan. In seinen Erklärungen nannte Borrell das Taliban-Regime in Afghanistan und den russischen Krieg gegen die Ukraine als gemeinsame Herausforderungen, im Mittelpunkt der Gespräche standen jedoch Energiefragen. Bundespräsident Frank-Walter Steinmeier reiste im Juni 2023 in Begleitung einer Wirtschaftsdelegation zu einem Staatsbesuch nach Kasachstan und Kirgistan. Diskutiert wurden vor allem Wirtschaftsthemen wie der Ausbau einer alternativen Transportroute durch den Kaspischen Korridor unter Umgehung Russlands, Öllieferungen nach Deutschland sowie die gemeinsame Produktion von grünem Wasserstoff in der kasachischen Region Mangghystau. Diese Projekte sowie die Förderung und lokale Verarbeitung seltener Erden standen auch im Mittelpunkt des Gipfels zwischen Bundeskanzler Olaf Scholz und den Staatschefs von Kasachstan, Kirgistan, Tadschikistan, Turkmenistan und Usbekistan in Berlin Ende September 2023.

Schließlich trafen die Außenminister der fünf zentralasiatischen Staaten am 23. Oktober 2023 in Luxemburg zum ersten Mal mit Vertretern aller 27 EU-Länder zusammen. Zu den Schwerpunktthemen gehörte der Ausbau wirtschaftlicher Beziehungen, des Handels und der Investitionen, mehr Engagement in den Bereichen Energie, klimaneutrale Wirtschaft und Konnektivität aber auch eine Stärkung des politischen Dialogs.

Zentralasien galt noch vor gar nicht langer Zeit vor allem als Unruheherd.

Die oben geschilderten Ereignisse sagen viel über den geopolitischen Stellenwert Zentralasiens aus, einer Region mit einer Gesamtbevölkerung von 75 Millionen Menschen, einem Territorium von 3.994.300 Quadratkilometern sowie ausgedehnten Grenzen zu Russland und China, aber auch Afghanistan und Iran. Sie steht als politischer und ökonomischer Partner offenbar hoch im Kurs.

Dabei galt Zentralasien noch vor gar nicht langer Zeit vor allem als Unruheherd. Der Experte der Stiftung Wissenschaft und Politik Uwe Halbach warnte vor mehr als zwei Jahrzehnten vor drei langfristigen Sicherheitsrisiken: den demografischen Entwicklungen, Wasser- und Umweltproblemen und dem Drogenhandel. Er wies auch auf die Gefahr ethnischer Konflikte und des Islamismus hin. Auch eine Studie des Deutschen Instituts für Entwicklungspolitik (DIE) sah 2004 in der ethnischen, religiösen und kulturellen Vielfalt Zentralasiens ein erhebliches Spannungspotential, wollte es aber nicht überbewerten.

Konflikte um Grenzen und Ressourcen

Seit dem Ende der Sowjetunion gibt es zwischen den neu entstandenen unabhängigen Staaten Probleme bei der Grenzregelung. Sie sind eine ständige Quelle für zwischenstaatliche Spannungen, weil bei der Festlegung von Verwaltungsgrenzen zwischen den Republiken geografische und ethnische Faktoren nicht ausreichend berücksichtigt wurden.

Das wohl bekannteste Beispiel ist das Ferghanatal – die am dichtesten besiedelte landwirtschaftliche Region Zentralasiens. Sie erstreckt sich über drei Länder Kirgistan, Usbekistan und Tadschikistan. Seit 1991 erheben die drei Staaten Anspruch auf das Gebiet des jeweils anderen. Die Verhandlungen über die Beilegung dieses Dauerkonflikts sind seit vielen Jahren ins Stocken geraten. Zwar sind sich alle drei Staaten darüber einig, dass die Grenzfragen gelöst werden sollten, doch die komplexe Landschaftsstruktur, die Nutzung der Ressourcen, nationalistische Gefühle der Grenzbevölkerung und mangelnder politischer Wille haben in der Vergangenheit eine Lösung immer wieder verhindert. Infolgedessen gibt es umstrittene Gebiete zwischen Usbekistan und Kirgistan, Usbekistan und Tadschikistan sowie Kirgistan und Tadschikistan, die die Sicherheit und Stabilität der gesamten zentralasiatischen Region gefährden.

Muslimische Grabstätten im Ferghana-Tal, das durch seine Dreiländer-Grenze ein umstrittenes Gebiet zwischen Usbekistan, Kirgistan und Tadschikistan ist. (picture alliance / Axiom Photographic / Rob Penn)

Derzeit sind etwa 70 Prozent der gemeinsamen tadschikisch-kirgisischen Grenze demarkiert und von beiden Seiten anerkannt worden, während der Rest noch umstritten ist. Die fehlende Lösung dieser Frage hat wiederholt zu bewaffneten Konflikten zwischen Anwohnern und Militärs der beiden Nachbarstaaten geführt. Zuletzt spitzte sich der Konflikt im September 2022 zu. Die Kämpfe in den Grenzregionen dauerten zwar nur vier Tage an, gelten aber bisher als die schwersten und gewaltsamsten.

Beide Seiten machten sich gegenseitig für den Ausbruch der Feindseligkeiten verantwortlich, bei denen nach Angaben von Menschenrechtsorganisationen 51 Zivilisten getötet und 121 verletzt wurden.

Ein anderes Konfliktfeld ist der Zugang zu Natur- und Energieressourcen. Der Wasser- und Energiekomplex ist in der Region eng vernetzt und geht auf die Sowjetzeit zurück, als die Zuteilung noch von Moskau aus gesteuert wurde. Kirgistan und Tadschikistan verfügen über große Wasserressourcen, die Kasachstan, Usbekistan und Turkmenistan für ihre Landwirtschaft brauchen. Umgekehrt wird deren Erdöl und Gas von den beiden anderen Staaten benötigt. Ein Teil des Konfliktpotenzials ergibt sich aus den unterschiedlichen Interessen bei der Wassernutzung zwischen flussaufwärts und flussabwärts gelegenen Ländern: Kirgistan und Tadschikistan benötigen das Wasser für die Stromerzeugung durch Wasserkraftwerke, wodurch Kasachstan, Turkmenistan und Usbekistan, die es für ihre Landwirtschaft verwenden, unter Wasserknappheit leiden.[1]

Zusätzlich wird derzeit der Qush-Tepa-Kanal in Afghanistan gebaut, der bei den Dürreperioden helfen soll. Da der Kanal jedoch mit Wasser aus dem Fluss Amudarja gespeist werden soll, den auch Usbekistan und Turkmenistan nutzen, sind beide Länder besorgt, wie sich dieser Bau auf ihre Wasserversorgung auswirkt. Schätzungen zufolge könnte ihnen bis zu 15 Prozent ihres derzeitigen Wasserflusses verloren gehen. Die Wasserknappheit birgt also ein erhebliches Konfliktpotenzial und kann nur regional gelöst werden.

Machtkämpfe im Innern

Innenpolitische Instabilität ist ein wiederkehrendes Problem in den zentralasiatischen Ländern und sorgt für Konflikte. Unmittelbar nach dem Zerfall der Sowjetunion brach in Tadschikistan 1992 ein blutiger Bürgerkrieg aus, bei dem sich zwei Seiten gegenüberstanden: die prokommunistische Proregierungs-Volksfront und die Vereinigte Tadschikische Opposition, deren Rückgrat islamistische Kräfte bildeten.

Die Gründe lagen in der schwierigen Wirtschaftslage und Clan-Kämpfen zwischen dem Norden und dem Süden des Landes. Der Krieg dauerte fünf Jahre und kostete zwischen 50.000 und 100.000 Menschen das Leben.

1 Siehe dazu auch den Beitrag von Beate Eschment, Zentralasien: Regionale Zusammenarbeit als Perspektive für die Zukunft, OWEP, Heft 4/2020.

Während Tadschikistan seit 1994 durchgehend vom Präsidenten Emomali Rahmon regiert wird, kam es in Kirgistan wiederholt zu Machtwechseln. Dort waren seit der Unabhängigkeit 1991 acht verschiedene Präsidenten an der Macht. Eine nachhaltige politische Stabilität hat es dem Land nicht gebracht, zumal Regierungswechsel oft auf politische Unruhen folgten. Im Jahr 2005 stürzten kirgisische Demonstranten nach umstrittenen Parlamentswahlen den seit Sowjetzeiten amtierenden Präsidenten Askar Akajew. Im April 2010 kam es wieder zu Massenprotesten, diesmal wegen der Verhaftung von Oppositionsaktivisten und des Machtmissbrauchs durch Präsident Kurmanbek Bakijew. In der Hauptstadt Bischkek und anderen Städten besetzten die Demonstranten Verwaltungsgebäude, das Haus von Präsident Bakijew wurde geplündert und niedergebrannt. Die Regierung trat zurück. Berichten zufolge wurden bei den Unruhen mehr als 80 Menschen getötet. Im Oktober 2010 gab es in Kirgistan erneut Proteste nach Parlamentswahlen, die zum Rücktritt der Regierung und des amtierenden Präsidenten führten.

Insgesamt war 2005 ein turbulentes Jahr für Zentralasien. Für Kirgistans Nachbar Usbekistan war es von tragischen Ereignissen geprägt. Am 13. Mai 2005 töteten Regierungstruppen bei der gewaltsamen Niederschlagung von Protesten in der Stadt Andischan nach Angaben von Menschenrechtsorganisationen mehrere hundert Menschen. Anfang Juli 2022 kam es in Usbekistan erneut zu einem Gewaltausbruch – dem größten seit Andischan. Anlass war eine geplante Verfassungsreform, die im Falle ihrer Verabschiedung die Autonomie der Region Karakalpakstan aufgehoben hätte.

Anders als Tadschikistan und Kirgistan blieb Kasachstan in den ersten drei Jahrzehnten seiner Unabhängigkeit zunächst von Unruhen verschont.

Die Proteste schlugen schnell in Krawalle um, die mehrere Tage andauerten. Bei Zusammenstößen mit den Sicherheitskräften wurden 18 Menschen getötet. Um die Ordnung wiederherzustellen, machte die Regierung Zugeständnisse: Das Parlament stimmte für die Beibehaltung der Souveränität der Republik Karakalpakstan.

Anders als Tadschikistan und Kirgistan blieb Kasachstan in den ersten drei Jahrzehnten seiner Unabhängigkeit von solchen Ereignissen verschont, bis es Anfang Januar 2022 zu einer Explosion kam. Demonstrationen gegen einen starken Anstieg der Flüssiggaspreise, die sich zunächst auf den Westen des Landes konzentrierten, griffen schnell auf andere Städte über. Die friedlichen Proteste schlugen in Krawalle, Pogrome und Zusammenstöße bewaffneter Gruppen mit den Sicherheitskräften um, bei denen Hunderte von Menschen starben und Tausende festgenommen wurden. Erst eine Woche später gelang es Präsident Kassym-Schomart Tokajew mit Unterstützung der Streitkräfte der Organisation des Vertrags über kollektive Sicherheit (OVKS),[2] die Ordnung im Land wiederherzustellen. Die Ermittlungen zu den Ereignissen des „blutigen Januars" dauern bis heute noch an.

Einflüsse aus dem Ausland

Zentralasien wurde in den vergangenen 20 Jahren als eine Region wahrgenommen, die sehr stark unter dem Einfluss auswärtiger Akteure stand. So rückten die Staaten nach den Terroranschlägen vom 11. September 2001 in den USA durch ihre Lage in unmittelbarer Nähe zu Afghanistan ebenfalls schnell in den Fokus internationaler Antiterrormaßnahmen. Die zentralasiatischen Regierungen waren zwar nicht mit eigenen Truppenkontingenten in Afghanistan unterwegs, unterstützten aber den Anti-Terror-Kampf des Westens, indem sie auf ihrem Gebiet Militärbasen zuließen und Überflugrechte gewährten.

Auch der Drogenschmuggel aus Afghanistan zählt zu den auswärtigen Risikofaktoren für die Stabilität und die Entwicklung Zentralasiens.

Schon zwei Jahre zuvor war die Bedrohung durch den Islamismus aufgefallen, denn 1999 und 2000 kam es im kirgisischen Bezirk Batken zu bewaffneten Zusammenstößen zwischen Kämpfern der „Islamischen Bewegung Usbekistans" (IBU) und den Streitkräften aus Kirgistan und Usbekistans.[3] Anlass waren Versuche von militanten islamistischen Kämpfern, von Afghanistan und Tadschikistan aus über kirgisisches Territorium im Ferghanatal auf usbekisches Gebiet vorzudringen. In den darauffolgenden Jahren waren IBU-Mitglieder an den Terroranschlägen in der kirgisischen Hauptstadt Bischkek im Dezember 2002 sowie in der südkirgisischen Stadt Osch im Mai 2003 beteiligt. Der Gruppe wurden enge Verbindungen zur Terrororganisation Al-Qaida

2 Die Organisation des Vertrags über kollektive Sicherheit (OVKS) ist ein im Jahr 2002 gegründetes und von Russland angeführtes Militärbündnis. Weitere Mitglieder sind die ehemaligen Sowjetrepubliken Armenien, Belarus, Kasachstan, Kirgistan und Tadschikistan. Ehemalige Mitglieder sind Usbekistan, Georgien und Aserbaidschan.

3 Eine islamistische Organisation, die 1996 von ehemaligen Mitgliedern mehrerer in Usbekistan verbotener politischer Parteien und Bewegungen gegründet wurde. Von mehreren Ländern der Welt, darunter Russland und USA, wird sie als terroristische Organisation eingestuft.

und den islamistischen Taliban in Afghanistan nachgewiesen. 2014 wurde bekannt, dass die IBU sich den Kämpfern des „Islamischen Staates" (IS) angeschlossen hatte und die Rekrutierung und Ausbildung von Kämpfern in den Grenzgebieten von Pakistan und Afghanistan verstärkte. Der religiöse Extremismus ist damit eine andauernde Bedrohung für die ganze Region. Auch der Drogenschmuggel aus Afghanistan zählt zu den auswärtigen Risikofaktoren für die Stabilität und die Entwicklung Zentralasiens.

Fortschritte und neue Potenziale

Seit einigen Jahren ist zu beobachten, dass sich die Zusammenarbeit der zentralasiatischen Staaten intensiviert und sich die Beziehungen untereinander verbessern. Anfang November 2022 haben sich Kirgistan und Usbekistan dafür entschieden, ihre Grenzstreitigkeiten friedlich beizulegen. Sie einigten sich auf einen Kompromiss, wonach das Gebiet des

Die Präsidenten der zentralasiatischen Staaten Shavkat Mirziyoyev (Usbekistan), Emomali Rahmon (Tadschikistan), Kassim-Schomart Tokajew (Kasachstan), Sadyr Dschaparow (Kirgistan), Gurbanguly Berdimuhamedow (Turkmenistan) waren im Herbst 2023 bei Bundespräsident Frank-Walter Steinmeier zu Gast. (picture alliance / Geisler-Fotopress / Bernd Elmenthaler)

Kempir-Abad-Stausees an Usbekistan übertragen wird. So entsteht die Möglichkeit, ihn gemeinsam zu bewirtschaften.

Alle umstrittenen Gebiete an der kirgisisch-usbekischen Staatsgrenze wurden Kirgistan zugeschlagen. Das entsprechende Abkommen wurde Ende November von beiden Parlamenten ratifiziert und kann als Meilenstein für die Grenzsicherheit in der Region angesehen werden. Die Grenzstreitigkeiten zwischen Kirgistan und Tadschikistan sind noch nicht vollständig gelöst, aber es gibt einen Verhandlungsprozess. Ende 2023 trafen sich Delegationen beider Länder in Tadschikistan. Sie einigten sich unter anderem auf eine Regelung über die Verwaltung der von Kirgistan auf dem tadschikischen Gebiet und von Tadschikistan auf dem kirgisischen Gebiet genutzten Infrastrukturobjekte.

Kasachstan und Usbekistan, die seit Jahrzehnten um die politische und wirtschaftliche Vormachtstellung in der Region im Wettstreit lagen, unterzeichneten 2022 einen Vertrag über Bündnisbeziehungen sowie ein Kooperationsprogramm zwischen ihren Außenministerien für die Jahre 2024-2025. Ein Tandem dieser zwei wirtschaftlich dynamischsten und bevölkerungsreichsten Länder Zentralasiens ist für die regionale Zusammenarbeit von großer Bedeutung.

Neben dem Handel mit Afghanistan verstärken die zentralasiatischen Regierungen ihre Sicherheitsmaßnahmen. Denn die dortige humanitäre Krise könnte die Aktivitäten krimineller Gruppen fördern.

Seit Januar 2022 hat sich das Format C5+1 auf höchster Ebene etabliert. Ob beim Treffen mit dem chinesischen Staatspräsidenten Xi Jinping im Mai 2023, mit dem US-Präsidenten Joe Biden, dem russischen Präsidenten Wladimir Putin oder mit Bundeskanzler Olaf Scholz im September 2023 – immer saßen die Vertreter aller fünf Staaten Zentralasiens gemeinsam an einem Tisch, was als großer Fortschritt für die Region bewertet werden kann.

Das regionale Selbstbewusstsein wächst also. Waren die Länder Zentralasiens in der Vergangenheit eher ein Brückenkopf für westliche Operationen in Afghanistan, müssen sie heute die Herausforderungen weitestgehend selbst bewältigen. Offiziell hat keines der fünf Länder die Taliban-Regierung in Kabul anerkannt, aber sie leisten humanitäre Hilfe für die von Armut und Naturkatastrophen betroffene afghanische Bevölkerung. Wirtschaftskontakte nach Afghanistan werden außerdem ausgebaut. Von allen zentralasiatischen Ländern betreibt Kasachstan heute den intensivsten Handel mit Afghanistan. Es ist vor allem ein wichtiger Lieferant von Getreide und Mehl. Im August 2023 traf eine Delegation afghanischer Wirtschafts- und Regierungsvertreter zum ersten kasachisch-afghanischen Wirtschaftsforum in Astana ein.

Gleichzeitig verstärken die zentralasiatischen Regierungen ihre Sicherheitsmaßnahmen. Denn die humanitäre Krise in Afghanistan könnte die Aktivitäten krimineller Gruppen fördern, die sich auf Drogenschmuggel spezialisiert haben. Das birgt auch die Gefahr, dass Terroristen die Grenze überqueren. Auf dem Treffen der zentralasiatischen Staatschefs in der kirgisischen Stadt Cholpon-Ata schlug der kasachische Präsident Kassym-Jomart Tokajew im Juli 2022 vor, ein Forum zu schaffen, das es Vertretern der jeweiligen nationalen Sicherheitsräte ermöglicht, sich regelmäßig zu beraten.

Schließlich sei auf die Reformprozesse in Usbekistan und Kasachstan hingewiesen. In Usbekistan wird die Wirtschaft seit 2017 in Richtung mehr Liberalisierung, Modernisierung und Marktöffnung umfassend reformiert. Dafür werden Hindernisse für die Entwicklung des Privatsektors abgebaut sowie günstige Bedingungen für den Außenhandel geschaffen. In Kasachstan kündigte Präsident Tokajew nach den blutigen Ereignissen im Januar 2022 ebenfalls Reformen an. Dafür wurde im Juni 2022 ein Verfassungsreferendum abgehalten.

In der kasachischen Hauptstadt Astana treffen wie vielerorts in Zentralasien Moderne und Tradition aufeinander. (Gemma Pörzgen)

Zwar sind die Probleme keineswegs verschwunden, dennoch sind spätestens seit 2022 Tendenzen zu beobachten, die Zentralasien eher zu einem relevanten, regionalen Stabilisierungsakteur machen könnten. Eine Entwicklung, die Deutschland und die EU unterstützen sollten. Der Stabilisierungskurs in der Region könnte eine Chance sein, um die wachsende geopolitische Rivalität in diesem Teil der Welt einzudämmen. Diese Möglichkeiten sollten die EU-Staaten ausloten und ausdrücklich fördern. Denn schließlich hängt von einem stabilen, sicheren und friedlichen Zentralasien auch die Sicherheit Europas ab.

Matthias Kneip

Trügerischer Frieden

Ein Besuch im Suwałki-Korridor

Dr. Matthias Kneip, geboren 1969 in Regensburg, studierte Germanistik, Ostslawistik und Politologie an der Universität Regensburg. Er ist wissenschaftlicher Mitarbeiter am Deutschen Polen-Institut in Darmstadt sowie Autor zahlreicher Bücher über Polen. Zuletzt erschien sein Buch zusammen mit dem Karikaturisten Andrzej Mleczko „Darüber lacht Polen. Eine Landeskunde in Karikaturen und Texten" im Verlag Friedrich Pustet. Er ist Mitglied der Redaktion dieser Zeitschrift.

Rund 65 km breit ist der sogenannte Suwałki-Korridor. Für die baltischen Staaten bildet er die einzige Landverbindung zum übrigen NATO-Gebiet und gilt als Schwachstelle für das westliche Verteidigungsbündnis. Im Kriegsfall könnte Russland die Suwałki-Lücke angreifen, um einen Korridor zwischen seiner hochgerüsteten Exklave Kaliningrad und dem verbündeten Belarus herzustellen. Reiseeindrücke vor Ort.

Verbindung zum westlichen Europa

Die einspurige Hauptstraße A5, die ich von Litauen Richtung polnischer Grenze fahre, mündet plötzlich in eine gewaltige Baustelle. Als gelte es, die Verbindung zum restlichen Europa auch visuell zu demonstrieren, wird die Straße vierspurig ausgebaut. Ein im wahrsten Sinne des Wortes großspuriger Schritt, der zum Ausdruck bringt, wie wichtig für das flächenmäßig kleine Baltikum diese Achse zum großen Nachbarn Polen im Süden ist.

Das Baltikum wittert Gefahr. Nicht erst, aber erst recht seit der Ausweitung des russischen Angriffskriegs in der Ukraine. Für Russland und seinen Partner Belarus scheint es militärisch nur eine kleine Herausforderung, die baltischen Staaten Estland, Lettland und Litauen in einen für sie aussichtslosen Krieg zu ziehen und unter Kontrolle zu bringen. Ein Tag würde reichen, schätzt man in den baltischen Hauptstädten. Wäre da nicht die NATO-Mitgliedschaft.

Vor diesem Hintergrund ist der Suwałki-Korridor, auch Suwałki-Lücke genannt, längst ins Zentrum NATO-militärischer Aufmerksamkeit gerückt. Gerade mal 65 Kilometer Luftlinie trennen Belarus und das Kaliningrader Gebiet an dieser Stelle voneinander. Eine Besetzung dieser Linie durch russische Truppen schnitte das Baltikum im Süden von seinen westlichen Partnern ab. Deshalb verwundert es wenig, dass in den letzten Monaten an dieser „Achillesferse der NATO“ verstärkt Truppenübungen stattfinden. Stärke soll demonstriert werden, Wachsamkeit gegenüber Russland, das die Wehrhaftigkeit der NATO an dieser Stelle nicht unterschätzen soll.

Als ich von Litauen über die Grenze nach Polen fahre, bilde ich mir einen kurzen Moment ein, mich in Sicherheit zu wiegen. Als wäre es ein Unterschied, auf welcher Seite dieser heiklen Linie ich mich befinde. Viel Zeit, darüber nachzudenken, bleibt mir nicht. Ich biege auf eine kleine Straße nach rechts ab – und bin erneut irritiert. Ich fahre nach Westen, Richtung Russland.

Die Menschen hier leben an der Grenze, mit der Grenze. Genauer gesagt: umgeben von Grenzen.

Zu Hause müsste ich das erklären. Hier dagegen ist das sich an dieser Stelle im Nordwesten Polens befindende Kaliningrader Gebiet, das zur Russischen Föderation gehört, selbstverständlicher Teil des Alltags der Menschen. Viele sind es nicht, die mir auf dieser Strecke begegnen. Die Straße ist schmal, führt durch Wälder und Felder, es gibt kaum Abzweigungen. Ab und an eine Siedlung: Rutka-Tartak, Rowele, Wiżajny. Manche Ortsnamen deuten ihre litauische Herkunft an. Die Menschen hier leben an der Grenze, mit der Grenze. Genauer gesagt: umgeben von Grenzen.

Immer wieder entdecke ich beim Blick in den Wald ein Polizeiauto. Der Friede trügt also. Jedes Auto, das hier herumfährt, wird polizeilich erfasst.

Kurz hinter Wiżajny parke ich mein Auto auf einem Parkplatz mit Toilettenhäuschen. Ich bin fast am Ziel, dem Dreiländerpunkt „Wisztyniec“ zwischen Litauen, Russland und Polen. Eine Tafel erklärt die verschiedenen Landschaftsparks in der Umgebung, zeigt Wanderwege an, Flora, Fauna. Als wäre Tourismus hier eine Selbstverständlichkeit. Das Wort „Idylle“ böte sich an, aber es scheint mir unangemessen. Tourismus wirkt hier grenzwertig, Entspannung wohl eher Übungssache für Einheimische.

Das Polizeiauto, das auch den Parkplatz im Blick hat, macht mich nervös. Mir ist nicht nach Amsel, Drossel, Fink und Star, eher nach Flucht. Ein kleiner, geteerter Wanderweg weist mir die Richtung zum Dreiländerpunkt, einem von sechs solchen Punkten in Polen. Vorbei an einem

Teich, einem Gehöft geht es durch ein kleines Waldstück, an dessen Ende ein Verhau von Stacheldraht eindeutig und unmissverständlich signalisiert, dass ich angekommen bin. An einem schwierigen Punkt. Beim Näherhintreten offenbart sich zwischen all den Zäunen, Planken und Stacheldraht eine kleine Säule mit der Aufschrift „Rzeczpospolita Polska – Wisztyniec" – „Republik Polen – Wisztyniec".

Polnische Grenzsicherung durch Stacheldraht (Matthias Kneip)

Plötzlich wird mir bewusst, dass der Stacheldraht sich vor der Säule befindet, also auf polnischem Gebiet. Die russische Grenze hingegen markiert nur ein einfacher Maschendrahtzaun. Auch die litauische Grenze besteht aus Stacheldraht. Ich muss umdenken. Es ist Europa, das sich demonstrativ schützt. Nicht Russland. Zumindest auf den ersten Blick. Dass sich die russische Grenze quasi von hier aus unsichtbar erst ein paar hundert Meter weiter hinten im Wald befindet und streng überwacht wird, erfahre ich erst später.

Die Lust auf eine Wanderung in der Idylle der Natur ist mir vergangen. Der ganze Zaunverhau wirkt bedrohlich. Wo genau welche Grenze verläuft, ist aufgrund der vielen Zäune, Kameras und Markierungen beinahe unmöglich festzustellen. Nur eines ist sicher: Weiter geht es hier nirgends. Nur zurück. Und als wäre die Überwindung des Stacheldrahts ein Kinderspiel stehen dahinter auch noch Schilder, die in mehreren Sprachen darauf hinweisen, dass hier niemand mehr weiter darf. „Stopp! Staatsgrenze der russischen Föderation. Eintritt verboten" oder „Staatsgrenze Polen. Übertreten verboten". Wenn man hier steht, ruft man sich unweigerlich die Landkarte Europas vor Augen, ordnet sich auf ihr diesem Fleckchen im äußersten Nordosten zu. Nur ein Punkt. Aber ein brisanter. Nach einigen Minuten des Staunens und Innehaltens mache ich mich auf den Rückweg. Vorbei an dem polnischen Polizeiauto, das mich schon auf dem Hinweg beobachtet hat.

Ob sie hier Angst vor einem Krieg hätten, frage ich. „Krieg? Ach so … nein", lautet die erstaunte Antwort. Das sei doch nur eine in Warschau oder Brüssel aufgebaute Drohkulisse oder „Westpanik".

Auf dem Gehöft sind mittlerweile Menschen im Garten. Ein kleiner Junge spielt mit seinem Hund, zwei Frauen ernten Äpfel von einem riesigen Baum. Als ich vorbeikomme, nickt mir eine Frau freundlich zu und bietet mir einen Apfel an. Ich nicke und wenige Sekunden später habe ich fünf Äpfel in den Händen. Ob sie hier Angst vor einem Krieg hätten, frage ich. „Krieg? Ach so … nein", lautet die erstaunte Antwort. Das sei doch nur eine in Warschau oder Brüssel aufgebaute Drohkulisse oder „Westpanik". Alle Besucher des Dreiländerpunktes fragten danach, dabei denke niemand in den umliegenden Dörfern an Krieg. Polen sei in der NATO, Russland werde sich nicht trauen. Das sei Beruhigung genug. Angst habe man eher vor Migranten, deshalb die Zäune. Der Krieg, vor dem die Menschen hier Ängst hätten, sei ein Krieg ohne Waffen. Ein Krieg, der den Frieden zerstöre, weil zu viele Menschen unkontrolliert aus dem Osten kämen.

Angst vor Migranten größer als vor Panzern

Überall in Polen hege man diese Ängste an der Ostgrenze. Mit dem Suwałki-Korridor habe das nichts zu tun, sagen die Frauen. Die Migranten seien der Feind, nicht die Panzer.

Wieder muss ich umdenken. In Deutschland wird über dieses sicherheitspolitische Nadelöhr nur im Zusammenhang mit dem Angriffskrieg in der Ukraine und der Sorge der NATO diskutiert.

Ich verabschiede mich. Einen Moment lang habe ich meine Unruhe vergessen. Die Äpfel in meiner Hand dokumentieren die Freundlichkeit der Menschen gegenüber einem deutschen Touristen. Wieder zurück im Auto mache ich mich wieder auf Richtung Osten. Fahre den Suwałki-

Korridor entlang zurück nach Litauen durch den Wald, vorbei an den Feldern, durch die kleinen Dörfer. Seltsamerweise fällt mir erst jetzt auf, dass überall noch die Plakate aus dem polnischen Wahlkampf hängen und die Kandidaten der damaligen Regierungspartei „Recht und Gerechtigkeit" (PiS) eindeutig dominieren. Gerade diese Partei schürt die Angst vor den Migranten und steht für Abschottung und Ausgrenzung alles Fremden.

Litauische Grenzschützer patroullieren am Suwałki-Korridor im Grenzgebiet von Russland und Litauen. (picture alliance / dap / Fabian Sommer)

Das Suwałki-Gebiet ist deshalb für die PiS ein Heimspiel. Kein Wunder, dass viele Menschen hier Flüchtlinge mehr fürchten als russische Panzer. Vielleicht ist alles nur eine Frage der Politik und der Medien. Welche Nachrichten man hier hört und wer diese Nachrichten mit welchen Parolen füllt. Und wodurch die vor Ort lebenden Menschen ihren Frieden bedroht sehen.

Weiterführende Lektüre

Bücher:

Jörn Leonhard: Über Kriege und wie man sie beendet. Zehn Thesen, C.H. Beck Verlag, *München 2023.*

Eberhard Schockenhoff: Kein Ende der Gewalt? Friedensethik für eine globalisierte Welt, Verlag Herder, Freiburg 2018.

Johan Galtung: Strukturelle Gewalt. Beiträge zur Friedens- und Konfliktforschung, Rowohlt Verlag, Reinbek bei Hamburg 1975.

BICC Bonn International Centre of Conflict Studies u. a.: Friedensgutachten 2023. Noch lange kein Frieden, Transcript Verlag, Bielefeld 2023.

Gwendolyn Sasse: Der Krieg gegen die Ukraine. Hintergründe, Ereignisse, Folgen, C.H. Beck Verlag, München 2022.

Juri Andruchowytsch: Der Preis unserer Freiheit. Essays, Suhrkamp Verlag, Berlin 2023.

Anna Veronika Wendland: Befreiuungskrieg. Nationsbildung und Gewalt in der Ukraine, Campus Verlag, Frankfurt a. M./New York 2023.

Nach dem zweiten Kriegswinter blickt die Ukraine einem Frühjahr voller Ungewissheiten entgegen. (picture alliance / Photoshot)

Serhii Plokhy: Die Frontlinie. Warum die Ukraine zum Schauplatz eines neuen Ost-West-Konflikts wurde, Rowohlt Verlag, Hamburg 2022.

Winfried Schneider-Deters: Russlands Krieg in der Ukraine. Deutsche Debatten um Frieden, Faschismus und Kriegsverbrechen 2022–2023, ibidem-Verlag, Stuttgart 2023.

Serhij Zhadan: Internat, Suhrkamp Verlag, Berlin 2018.

Serhij Zhadan: Nachrichten vom Leben im Krieg, Suhrkamp Verlag, Berlin 2022.

Tobias Flessenkemper: Nicolas Moll (Hrsg.): Das politische System Bosnien und Herzegowinas. Herausforderungen zwischen Dayton-Friedensabkommen und EU-Annäherung. Springer VS, Wiesbaden 2018.

Cyrill Stieger: Die Macht des Ethnischen. Sichtbare und unsichtbare Trennlinien auf dem Balkan, Rotpunktverlag, Zürich 2021.

Publikationen:

Russlands verlorene Kriege. Historische Niederlagen eines Imperiums, Zeitschrift „Osteuropa", 3–4/2023.

Waffen, Wappen, Wirtschaft. Russlands glokaler Krieg gegen die Ukraine, Zeitschrift Osteuropa 12/2022

Werkner, Ines-Jacqueline, Mayer, Lotta und Krüger, Madlen (Hrsg.): Wege aus dem Krieg in der Ukraine: Szenarien – Chancen – Risiken, heiBOOKS, Heidelberg 2022 (FEST kompakt: Analysen – Stellungnahmen – Perspektiven, Band 5).

Webseiten:

Ukraine-Analysen: https://www.laender-analysen.de/ukraine-analysen/

Russland-Analysen: https://www.laender-analysen.de/russland-analysen/

Zentralasien-Analysen: https://www.laender-analysen.de/zentralasien-analysen/

Nikolay Mitrokhin: Der Krieg in der Ukraine 2023, Bilanz eines schrecklichen Jahres, https://zeitschrift-osteuropa.de/blog/bilanz-eines-schrecklichen-jahres/

Dekoder: https://www.dekoder.org

https://www.feinschwarz.net/wie-die-russische-orthodoxe-kirche-den-vatikan-manipuliert/